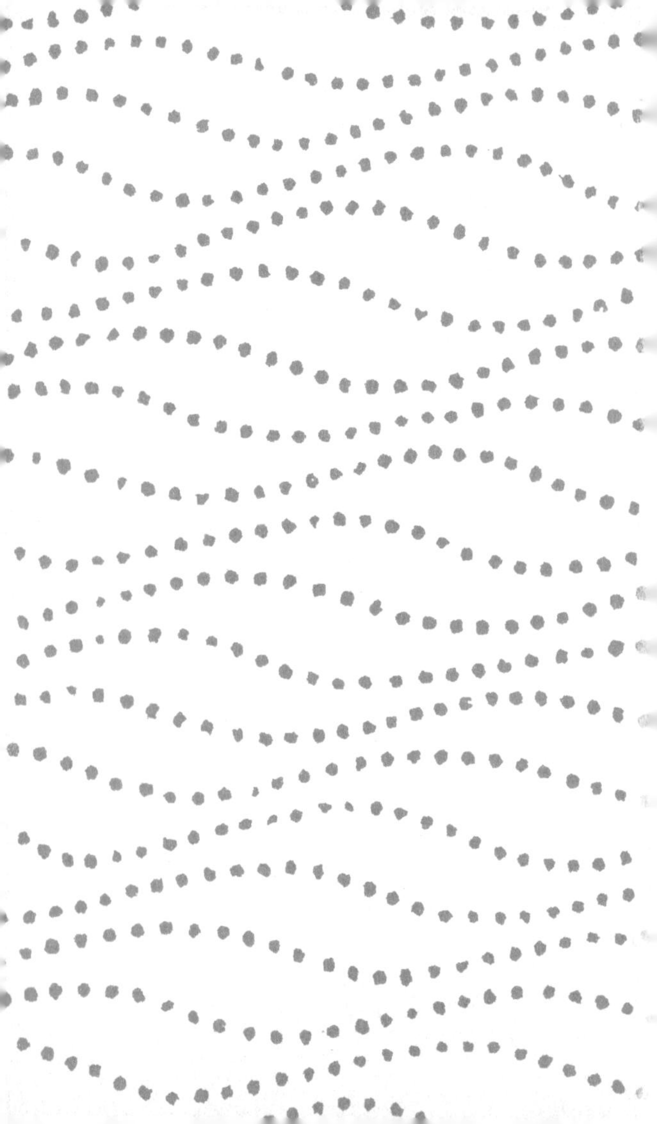

Published by PIE BOOKS

PIE BOOKS
2-32-4, Minami-Otsuka,
Toshima-ku, Tokyo 170-0005 Japan
Tel : +81-3-5395-4811
Fax : +81-3-5395-4812
http://www.piebooks.com
e-mail : editor@piebooks.com
e-mail : sales@piebooks.com

ISBN978-4-89444-516-1
Printed in Japan

POCHI
BUKURO

ぽち袋

Art Direction
高岡一弥

Collection
弓岡勝美

これっぽっちの「ぽち」

すこしばかりの「ぽち」

「小さくて、手の込んだもの」を愛するのは、日本古来の感性である。ほんの小さな物事を表す、「ぽち」という言葉、主に関西でお茶屋や芸妓へのご祝儀を示す際などに使われるが、それを包むぽち袋には、「これっぽっち」ですが、どうぞという心遣いが込められている。本書に収めたぽち袋の寸法は、約9.5×4.5cmを基準に、最大でも約20×7cm（318ページ）、中には「あかつきがた」（88ページ）のような極小サイズ（4.5×3cm）もある。日頃使うものこそ美しく洒落ていたいと願う心が、日本の文化を豊かに発展させてきたように、「お礼の心」を包む小さな袋にも、次第に贈り主の趣向をこらしたデザインが施されるようになる。愛らしいもの、洒落たもの、判じもの（謎々）など、その幅は広い。平均しても名刺大程度の小さな画面に込められた、驚くほど豊かなあそびの世界。その粋で洒落た文化の魅力を、味わってみよう。

藤澤 紫

Introduction

Japanese people traditionally love small meticulous items. One example is the *pochibukuro* (literally, "small envelop"). The word *pochi* means "small thing" in Japanese. Especially in the Kansai district, *pochi* also refers to a congratulatory tip for *o-chaya* (restaurant / geisha house) and *geiko* (geisha dancers). When people give generous tips, money is enclosed in a *pochibukuro*. This book features the *pochibukuro* in sizes from 9.5 × 4.5cm (standard size) to 4.5 × 3cm (miniature one called *akatsuki-gata*, literally, "at dawn," see page 88) as well as maximum one in 20 × 7cm (see page 317). The quest for beauty and elegance of personal belongings and daily goods developed and enriched Japanese culture. Such Japanese aesthetics reflects on designs of the *pochibukuro*. To express senders' gratitude and humble sincerity, those envelopes are often elaborately designed. The design taste varies from sweet to posh, and you can even find ones with pictorial puzzle. We hope this book conveys the surprisingly deep world of business-card-sized *pochibukuro* with a wide variety of designs.

Murasaki Fujisawa

ぽち袋
の
美学

ぽち袋に見る
江戸のいき

文　藤澤紫

ぽち袋と江戸文化

ぽち袋の魅力は、
その秀逸なデザインと、
高度な印刷技術にある。
本書掲載のぽち袋は、
主に近代から現代にかけての作例だが、
これらは全て手摺りの木版画である。
図柄は懐古的なものも多く、
特に江戸時代に流行した浮世絵風の、
軽妙な味わいを生かした作品が面白い。
中でも鈴木春信（一七二五？～七〇）や
喜多川歌麿（？～一八〇六）の描く
美人画は人気が高く、
繰り返しその図案に選ばれている。
歌麿の名品「五人美人愛敬競 兵庫屋花妻※」を
模したぽち袋※も見事な出来で、

能

その寸法は15.4 × 6.0 cmと [redacted]

原画（大判錦絵は約39 × 26.5 cm）よりも [redacted]

極端に小さいにも関わらず、 [redacted]

髪の生え際の彫摺※なども [redacted]

高度な彫の技術で処理している。 [redacted]

良質なデザインに、 [redacted]

極めて緻密な彫摺の作業が結実して、 [redacted]

はじめてぽち袋の名品が生まれるのである。※図1、2、3 [redacted]

日本の出版業界は、 [redacted]

長く木版技術によって支えられてきた。 [redacted]

明和(一七六四〜七二)初期に、 [redacted]

江戸の趣味人の間で私的な摺物 [redacted]

（絵暦）の競作が流行し、 [redacted]

それを機に多色摺の木版画「錦絵」が [redacted]

商品化されると、 [redacted]

出版市場も一気にカラー化が進む。 [redacted]

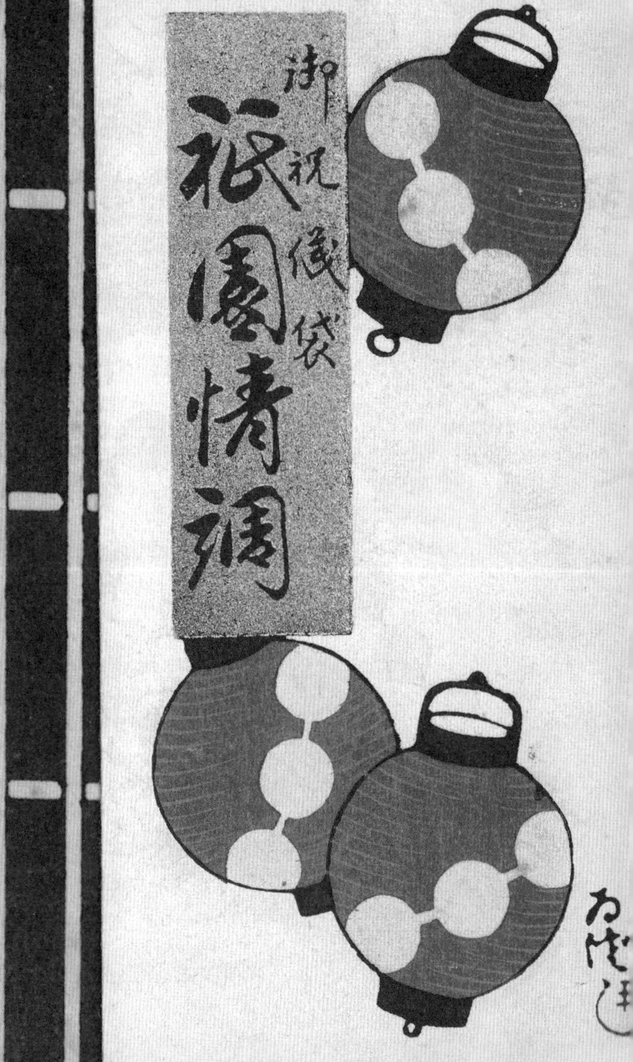
御祝儀袋
祇園情調

本来は金品を包むためのぽち袋が、[redacted]
趣味人の熱意で洗練され、[redacted]
一つの鑑賞品として進化していく道のりも、[redacted]
これと良く似ている。[redacted]
江戸後期には「掛け蕎麦一杯分（約数百円）」[redacted]
程度で販売された錦絵は、[redacted]
発売当初の価格はその十倍もしたといい、[redacted]
初期の錦絵には値段に見合った[redacted]
高度な洒落をきかせた図柄が多い。[redacted]
鈴木春信画「雨夜の宮詣※」も、[redacted]
謡曲の「蟻通」（蟻通明神の境内を[redacted]
下馬せずに通った紀貫之が、[redacted]
明神の化身に咎められるが、[redacted]
得意の和歌で許しを得る物語）[redacted]
を見立てた文学的な作品で、[redacted]
それを模したぽち袋※も作られた。[redacted]

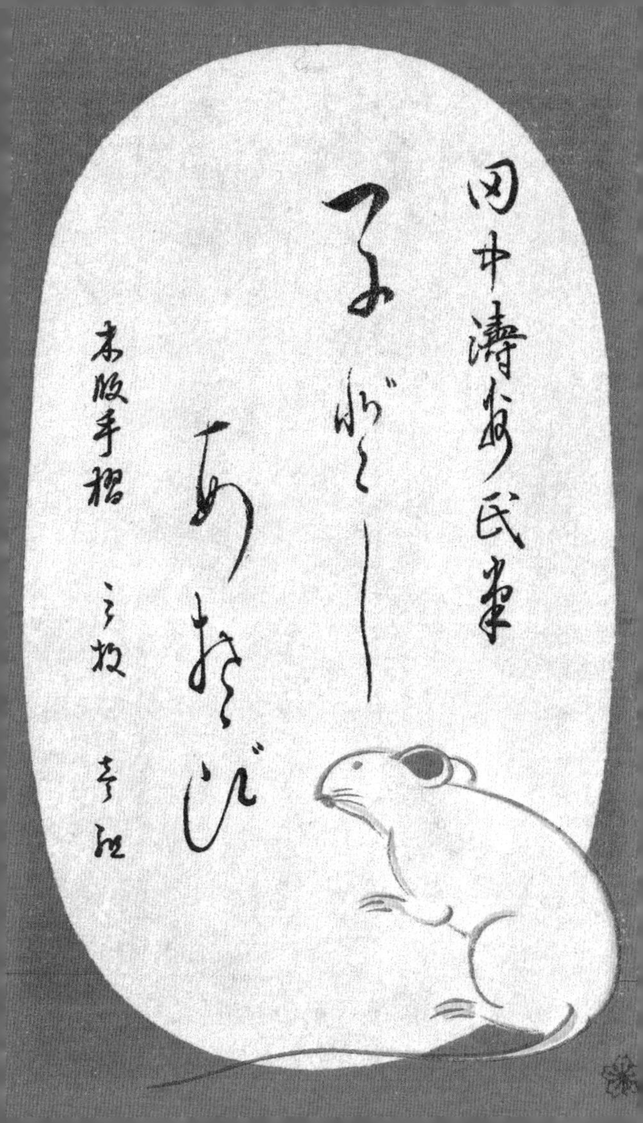
田中濤翁氏筆
木版手摺

贅を尽くした技術と、[redacted]
洒落た図案を愛する趣味人の心は、[redacted]
そのままぽち袋愛好者に受け継がれ、[redacted]
彼らはこういった高度な趣向もろとも[redacted]
心づけを贈ったのである。※図、4、5 [redacted]

ぽち袋のデザインと遊び [redacted]

ぽち袋の寸法は、[redacted]
使用するシチュエーションや[redacted]
紙幣の寸法に合わせて考案され、[redacted]
図柄の選択やトリミングも[redacted]
それに沿って工夫される。[redacted]
そこには用途に即した美の意識「用の美」があり、[redacted]
中身だけでなく包装に高い価値を見出す、[redacted]
ラッピング文化の根強い継承を見ることができる。[redacted]
ぽち袋の機能を重視した上で、[redacted]
貰った人を驚かす次のような[redacted]

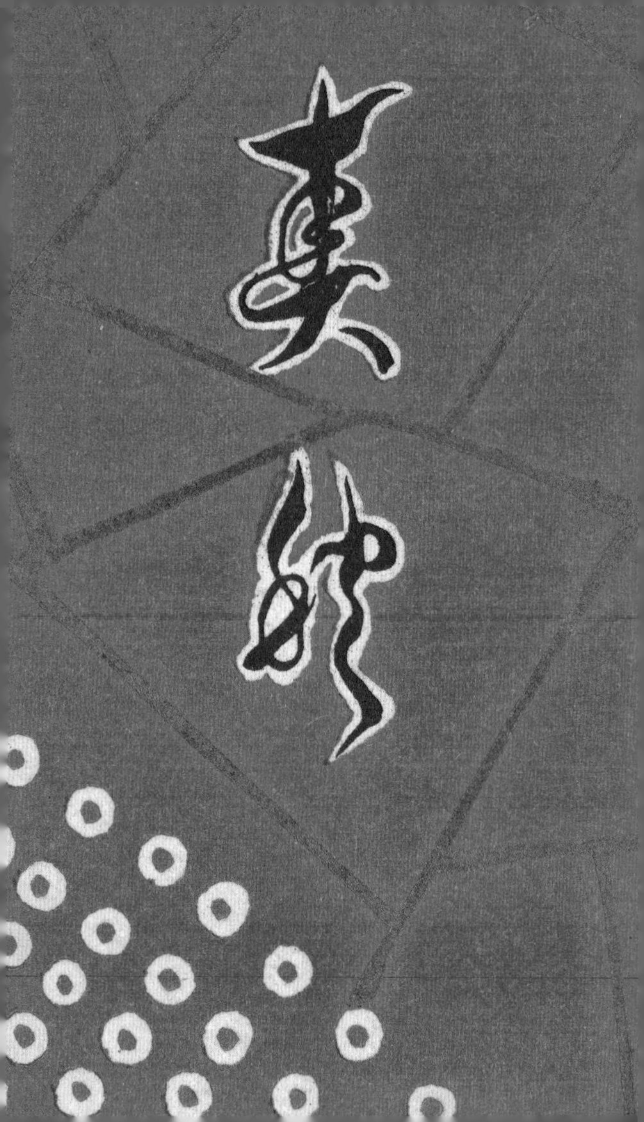
妻

ユニークな仕掛けも考案された。[redacted]

「しん板かわりうつし絵」と題した揃物※ [redacted]

（本来は六枚揃）は、[redacted]

袋の前面に丸や四角の小窓を開け、[redacted]

奥に差し込んだ紙片を上下することで、[redacted]

人物の顔が変わったり [redacted]

お化けが現れるよう工夫されている※。[redacted]

これも錦絵に先例があり、[redacted]

文久元（一八六一）年に上演された、[redacted]

「東海道四谷怪談」のお岩の亡霊が [redacted]

提灯抜けする場面や、[redacted]

一人二役の戸板返しの場面などを、[redacted]

版画の表面に紙片を貼り付け、[redacted]

開け閉めすることで表した作品が複数出されている※。[redacted]

どちらも夏向きの趣向で、暑い夏を [redacted]

アイデアでやり過ごす古の知恵である。※図6、7、8 [redacted]

また時代の流行に沿った図柄としては、
大正期を象徴するアールデコ様式の
作例なども目を引く。
アールデコとは、
日本美術の流れを受け、
十九世紀末～二十世紀初頭の西欧で流行した
アールヌーヴォーにかわるデザイン様式で、
日本にも建築や工芸、
装いなど様々な影響をもたらした。
モガ、モボと呼ばれる
お洒落な男女を魅了した新様式は、
ぽち袋にもいち早く取り入れられた。
当時の女性に人気のおしゃれ着
「銘仙」に使用された
トランプやバラ柄などの図案※と、
ぽち袋の意匠※を比較するのも面白い。

祝儀包

三人上戸

ぽち袋には、懐古趣味と最新流行への興味の [redacted]

どちらをも満足させる、[redacted]

贅沢な大人の遊び心が詰まっている。※図9、10 [redacted]

ぽち袋の美意識 [redacted]

「小さきもの」を美しく思い、[redacted]

愛でる意識については、[redacted]

古くは清少納言が『枕草子』にて述べている。[redacted]

この感覚は近世以降も継承され、[redacted]

根付（現代のストラップにあたるもの）や印籠、[redacted]

髪飾りなどの様々な細工物が流行し、[redacted]

現代の「ミニチュア愛好」へと流れは続いている。[redacted]

ぽち袋の魅力はこの小ささにあり、[redacted]

極小の画面にふさわしい [redacted]

厳選されたモチーフには、[redacted]

愛好者のこだわりが詰まっている。[redacted]

図柄にも地域性があり、[redacted]

御祝儀袋

ひのえとら

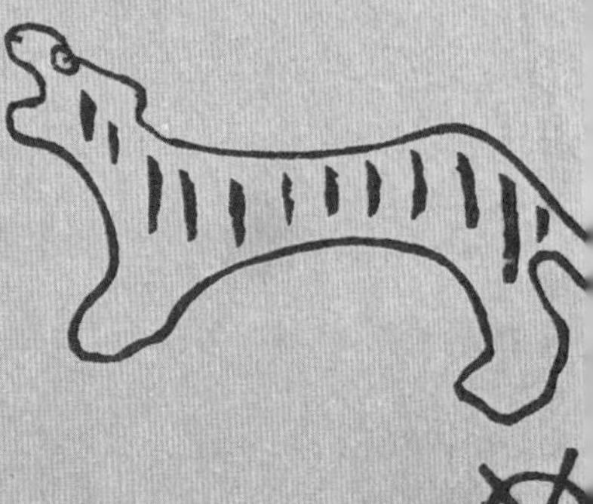

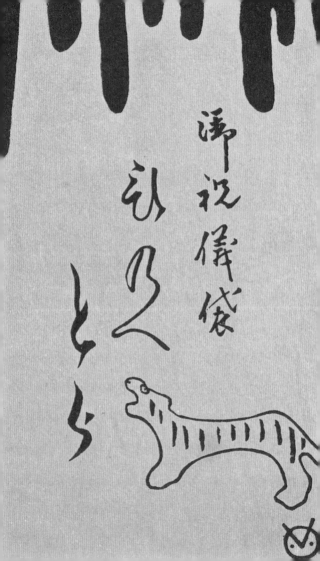

洒落を好む江戸風のものや、[redacted]

京の雅を感じる舞妓の図柄など、[redacted]

枚挙に暇がない。[redacted]

近世文化の特質を著した『守貞謾稿』には、[redacted]

「京坂は男女ともに艶麗優美を専らとし、[redacted]

かねて粋《すい》を欲す。[redacted]

江戸は意《い》気《き》を専らとして美を次として、[redacted]

風姿自づから異あり。」とある。[redacted]

京の「粋」と江戸の「意気」[redacted]

の魅力をあわせ持ったぽち袋は、[redacted]

東西の良質な日本文化を、[redacted]

身近な視点から現代に伝えてくれる。[redacted]

嬉しいことに現在も、京都のさくら井屋、[redacted]

ぴょんぴょん堂、東京の菊寿堂いせ辰をはじめ、[redacted]

複数の店舗で木版製のぽち袋を[redacted]

入手することができる。[redacted]

奉祝

作品は使ってこそ、
本来の用途に沿った美意識を
理解することができる。
好みのものを探し、お礼を包むその時のために、
そっと携帯してはいかがだろうか。
お金という価値のはっきりとしたものも、
美しい袋に包めば優しい贈り物となる。
贈り主と相手の双方が
晴れやかな気持ちになれる心遣いは、
これからも日本の習慣として継承したいものである。
小さく、手の込んだ、愛おしいもの、
そして時代を映す洒落た実用品。
ぽち袋には、日本人好みの美意識が
凝縮されているのである。

※は、参考図版567ページ～575ページをご参照下さい。

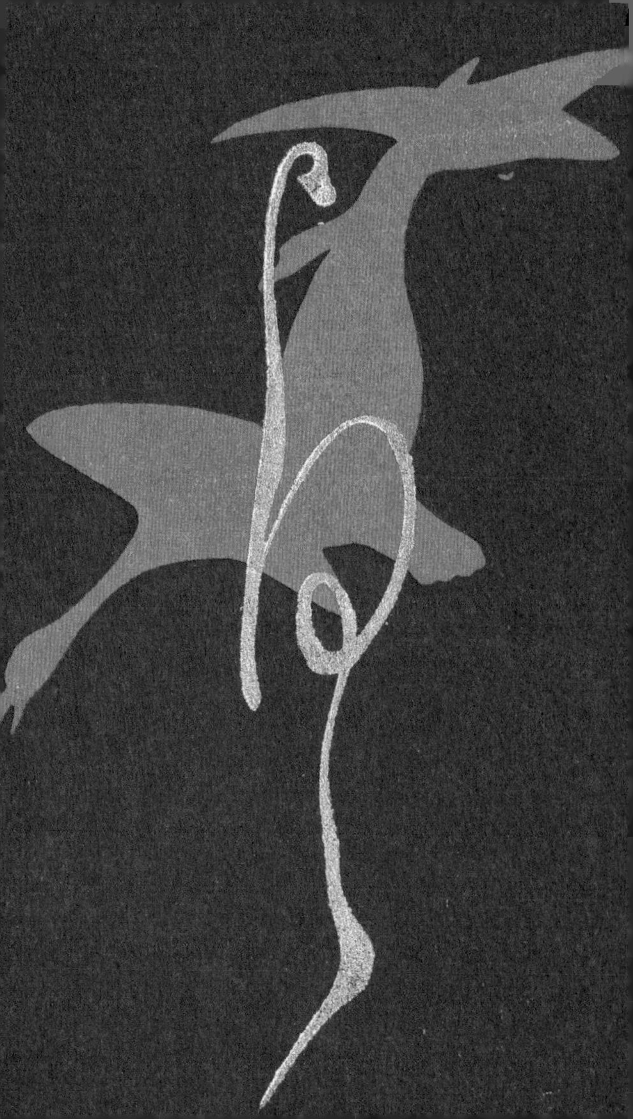

麻の葉

鹿の子

格子縞

氷割

網代文

松皮菱

青海波

鱗文

七宝

更紗文様

唐草

3

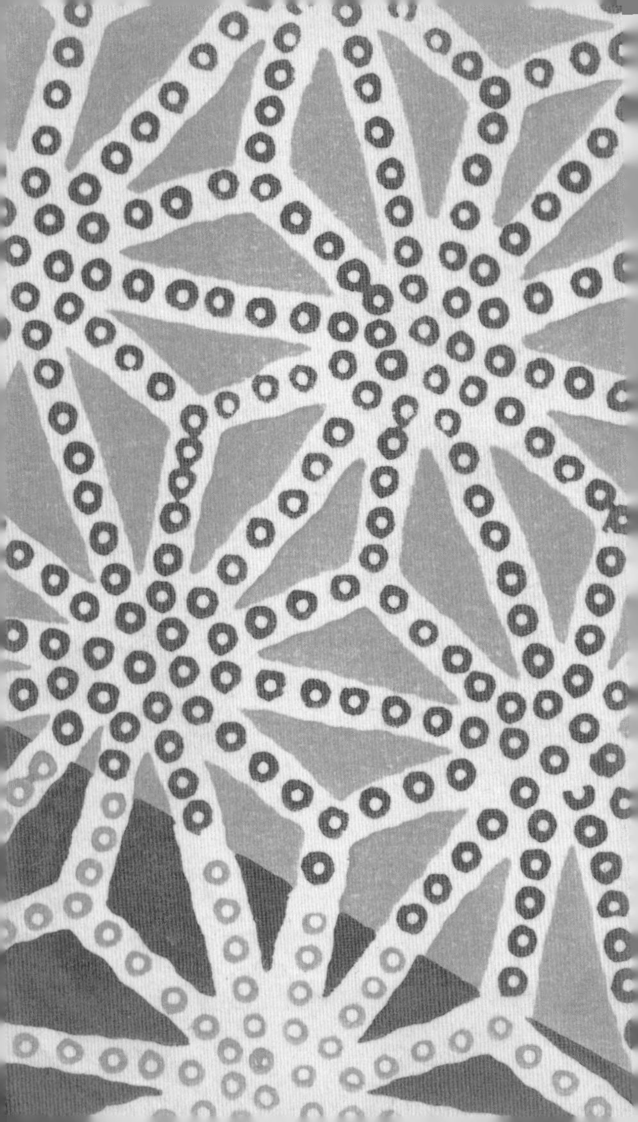

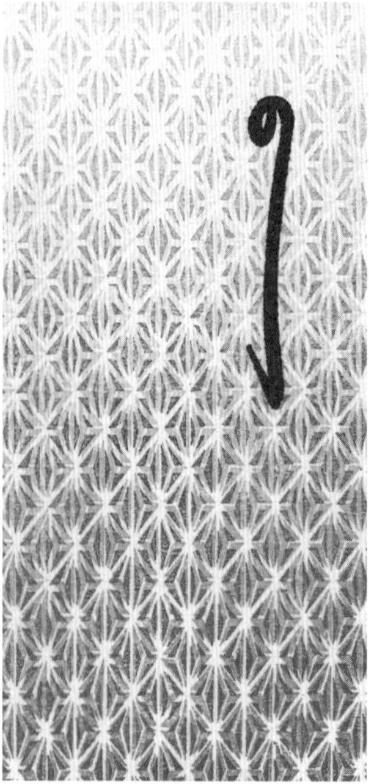

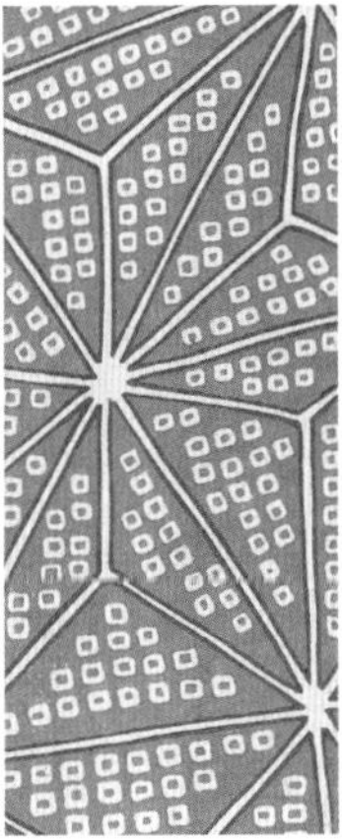

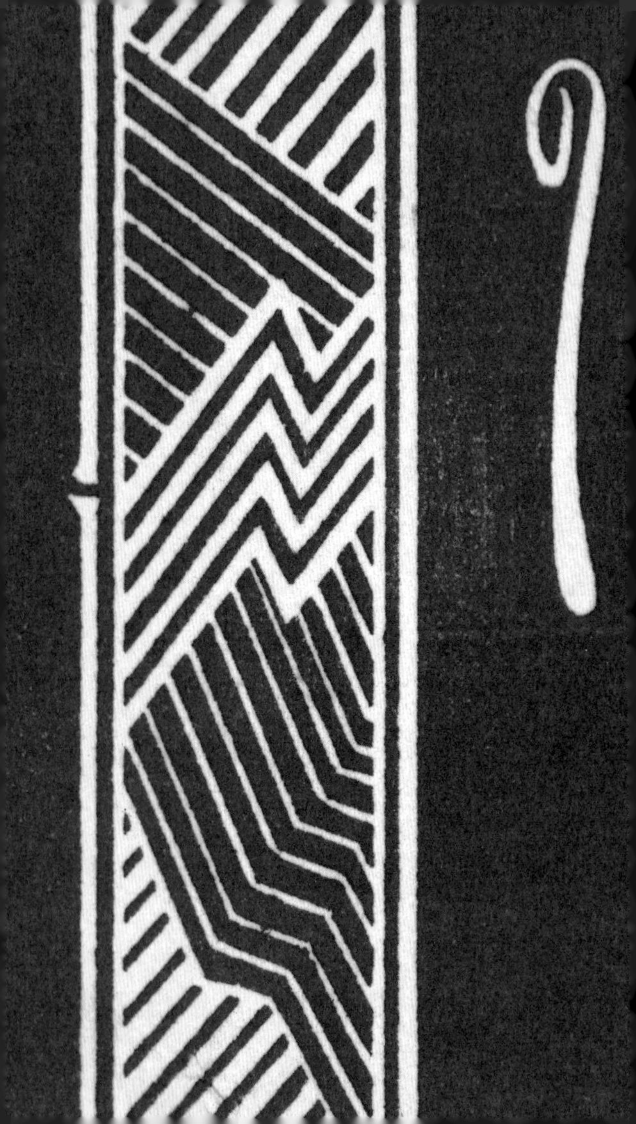

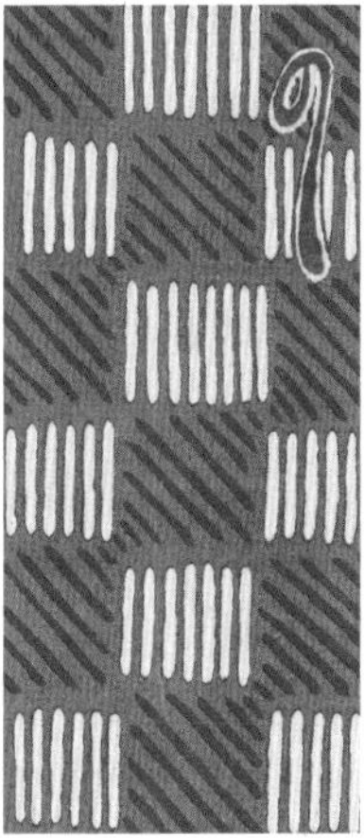

2

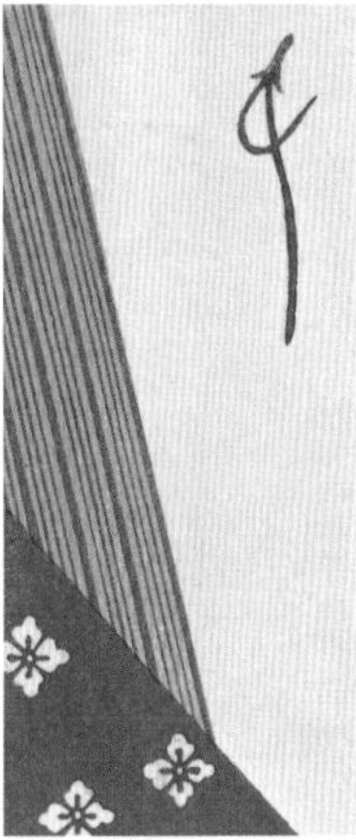
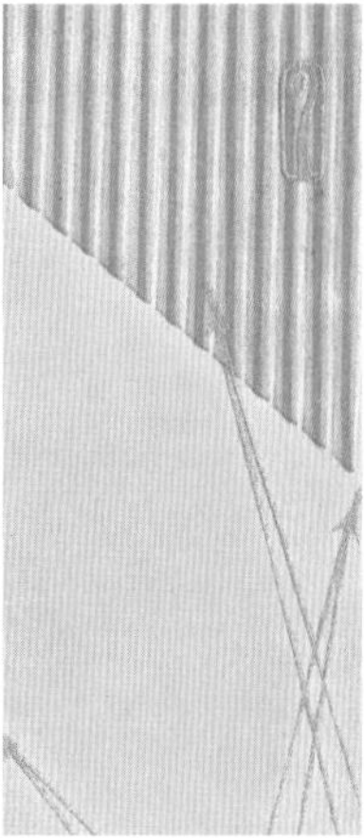

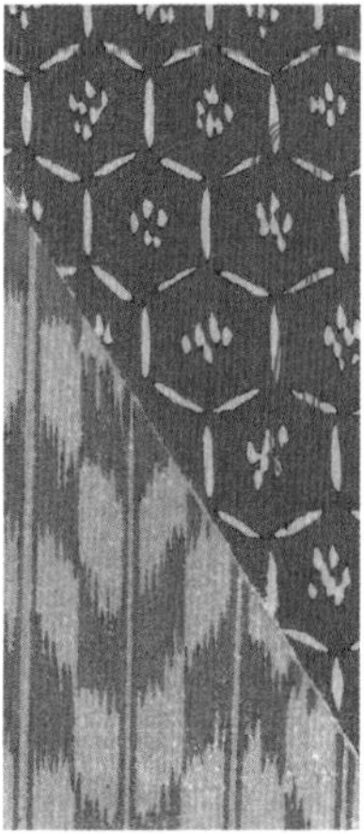

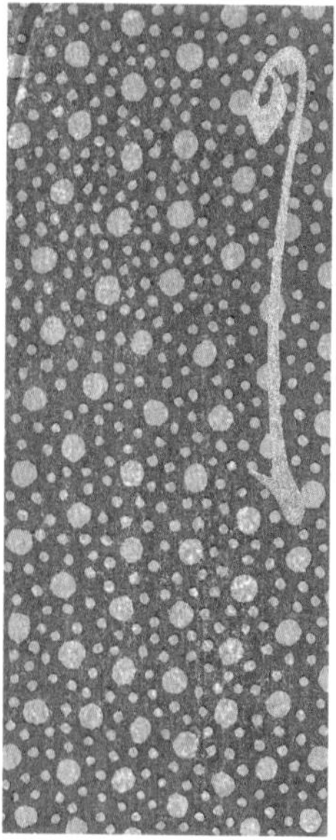

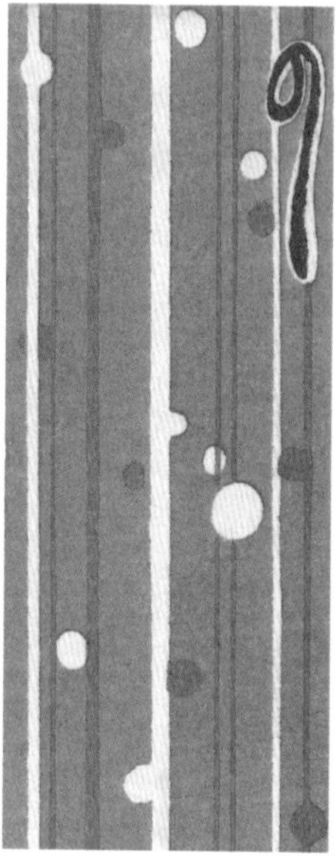

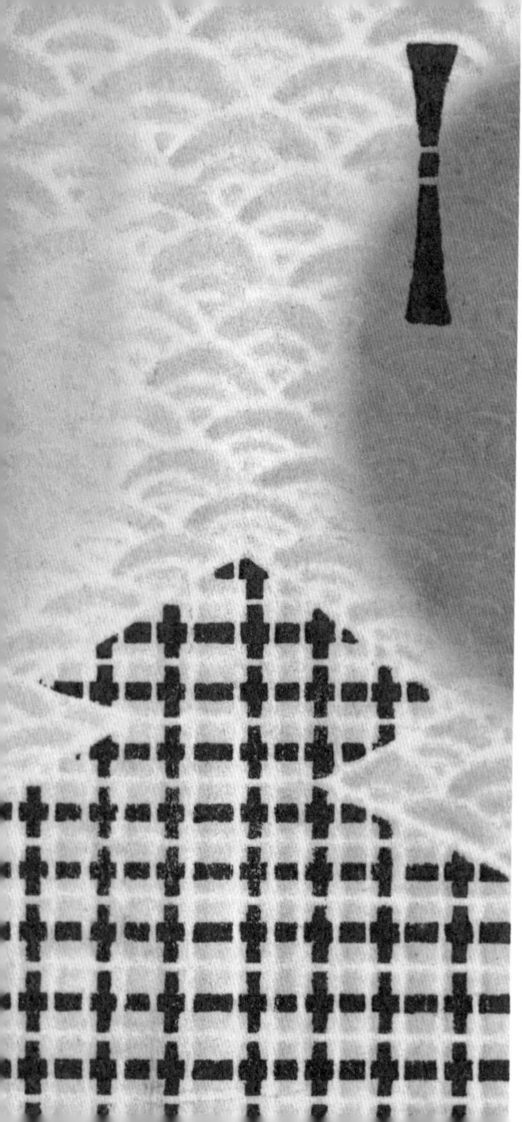

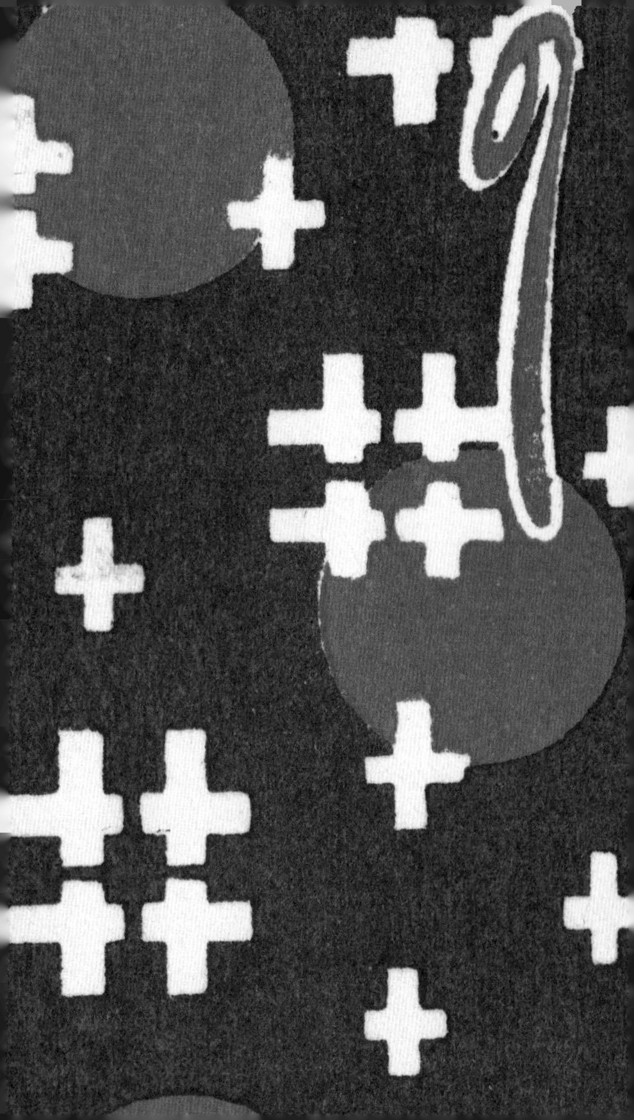

麻の葉

Asa-no-ha

上からの様子が麻の葉に似ているところからついた呼び名。平安時代の仏像の衣や、室町時代の縫い仏や幡《ばん》の地縫いにもみられる。麻は丈夫に直立して生長するところから、これにあやかるようにと江戸時代から子供の着物、とくに下着類に多く用いられた。この文様を絞《しぼり》にしたものを五世岩井半四郎が八百屋お七の衣装に用い、江戸の女性に流行した。

鹿の子

Kanoko

小鹿の背の斑点に似たこの模様は染色技術としては世界的にも最も古くから行われた絞り染による。日本では正倉院の纐纈（こうけち＝絞り染の古名）の中にこれに類するものが見られる。下層階級の衣服に多く用いられたが、戦国時代以降、上層階級にも用いられるようになった。絞り染が本格的な発展を遂げるのは江戸時代以降のことである。

格子縞

Koushi-jima

もともとは「筋」「隔子」などの名で呼ばれていた。「しま」という名称は、南蛮貿易による渡来品に筋模様の織物が多かったため、「島物」「島渡り」といったことに始まるとされる。近世以降、衣服に用いられるようになり、万筋・千筋・棒筋などの縦縞、弁慶格子・千鳥格などの変わり格子、市松格子・菊五郎格子などの役者好みと、種類もバラエティに富んでゆく。

氷割

Hiware

蝋《ろう》染めの代表的な模様で、氷がひび割れたような不規則な線を縦横に走らせる。細かい割文を小紋に用いたり、大ぶりな片にそれぞれ寄せ縞を筋交いに渡す文様もある。

網代文
Ajiro-mon

檜垣《ひがき》文ともいう。網代と檜皮《ひわだ》や竹、葦などを細かく薄く削り、縦や斜め、横に編んだもので、平安時代の牛車や手輿《たごし》を始め、天井・垣・屏風などに広く用いられた。四角形を用いた幾何学模様のひとつで、小紋や白生地の地紋に多く用いる。よろけや寄せ縞のアレンジなどにも使う。

松皮菱
Matsukawabishi

松の皮を剥いだ形に似ているところからこう呼ばれる。菱形の変形の幾何学模様のひとつで、上下に小さな菱形をつけているところから中太菱ともいう。平安から鎌倉時代の絵巻物にみられ、十六世紀半ばから十七世紀では衣装の文様として流行した。

青海波

Seigaiha

海面の波頭を折り重なるように表現して海原を連想させる。古くは埴輪《はにわ》の衣文にみられ、舞楽の二人舞《ふたりまい》の青海波の衣装に表現された文様からこの名がついた。平安・鎌倉時代の文様は打ち寄せ、砕け散る波をもっと写実的に表し、蒔絵の意匠にも用いられたが、室町時代以降、現代のような図案化されたものになった。

鱗文

Urokomon

連続する三角形の文様が魚のうろこを思わせるところからこう呼ばれる。古くは埴輪《はにわ》の衣文や古墳の壁面にもみられる。室町時代頃から陣羽織や能の装束に用いられるようになった。能ではとくに鬼女に用いられ、金銀の箔で表現された鱗文が蛇や女性の執念を象徴する。鎌倉時代の北条氏の紋が鱗紋から家紋を独立させた三つ鱗。

七宝

Shippou

平安時代から公家階級で用いられた有職《ゆうそく》文のひとつ。上下左右に連続することから「四方」「十方」と呼ばれたが、仏教の十珍七宝《じっちんしっぽう》と結びついて「七宝」となる。

紀元前三千年頃のシュメールで黄金製指輪の装飾にすでにみられる。江戸時代の初め、小堀遠州が名物裂《めいぶつぎれ》にこの意匠を用いている。

更紗文様

Sarasa-monyou

更紗とは室町時代から江戸時代初めにかけてインドやジャワなどから輸入された木綿の染色布のこと。人物・草花・鳥獣や幾何学などの異国風なもののほか巴や扇など、日本人の好みが反映されたものもあった。江戸中期以降、これらの文様を模して国内で同様の染物がつくられるようになる。堺更紗、長崎更紗、鍋島更紗などがそれである。

唐草
Karakusa

「唐草」の語はすでに平安時代からみられ、「中国伝来の蔓草文様」という意味で呼ばれるようになったと思われる。歴史としては非常に古く、古代エジプトにまでさかのぼるが、日本では正倉院御物から奈良時代には数多く用いられていたことがわかる。江戸時代には蔓の生命力の強さから吉祥文様として婚礼調度や長寿延命の象徴に用いられた。

つなぎ文

まわり燈籠

おかめ

ひょっとこ

枕絵

蛇の目傘

へのへのもへじ

相合傘

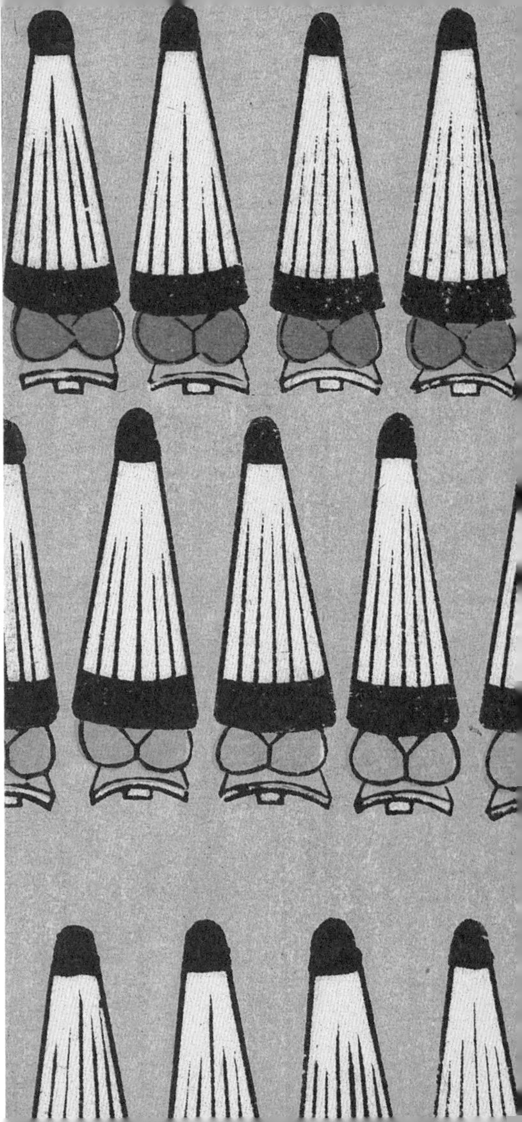

まわり燈籠

頂戴よ

今日ハ
ませんよ

姉さん
下さい

まちつと みよ

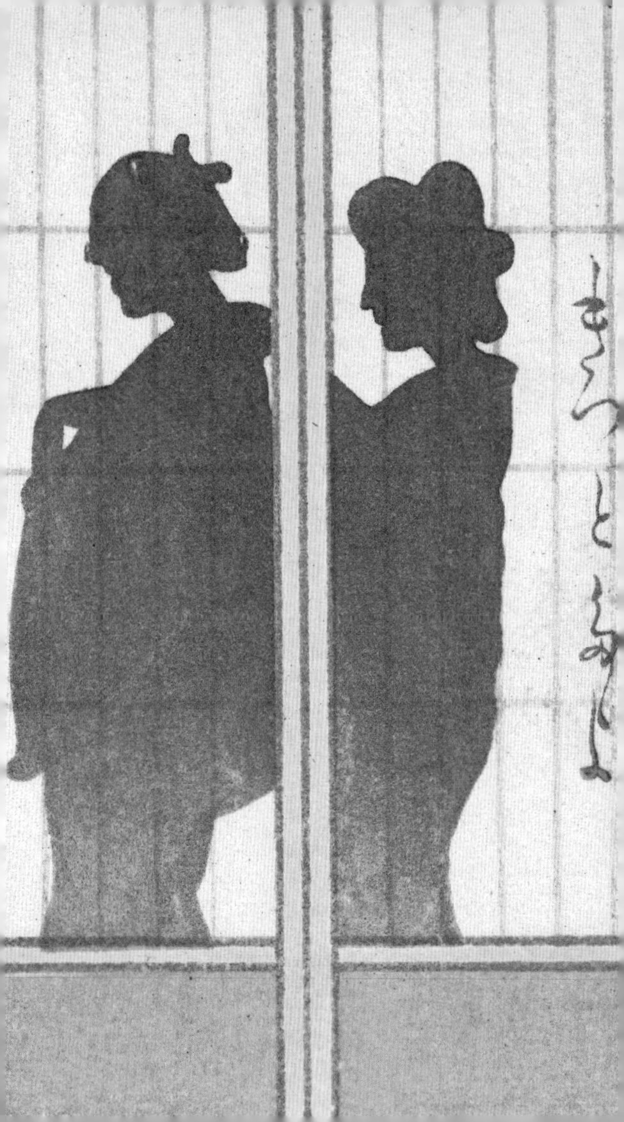

あかつきがた

さしこむかげ

イヽお月様だコト

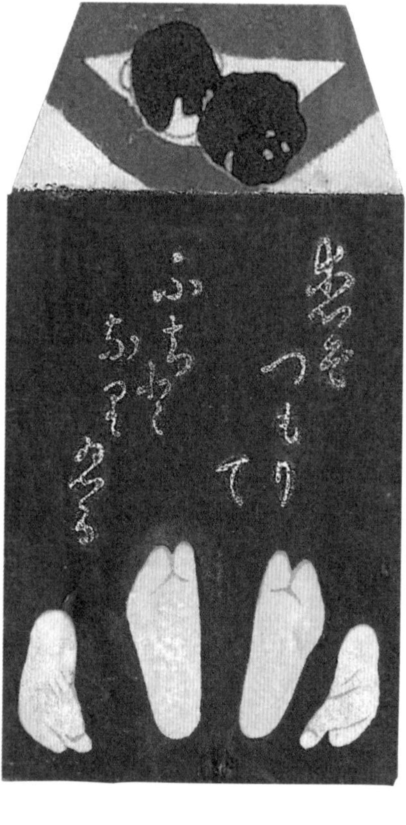

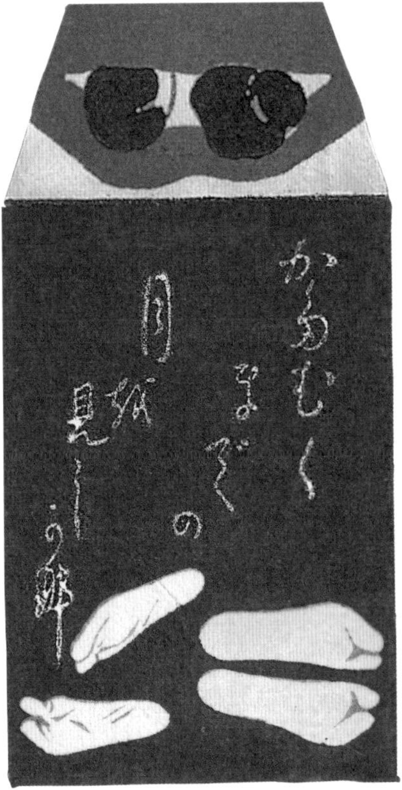

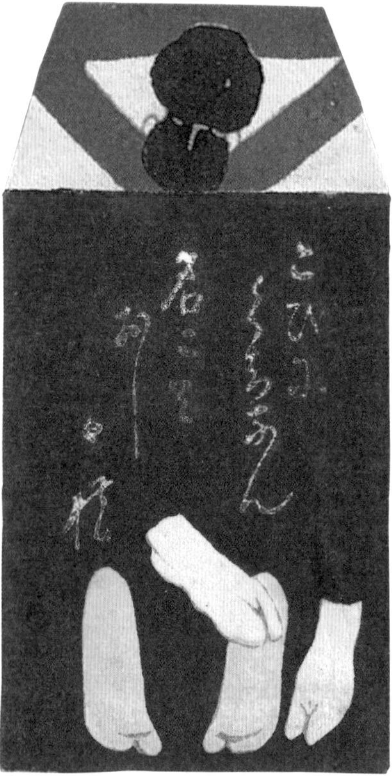

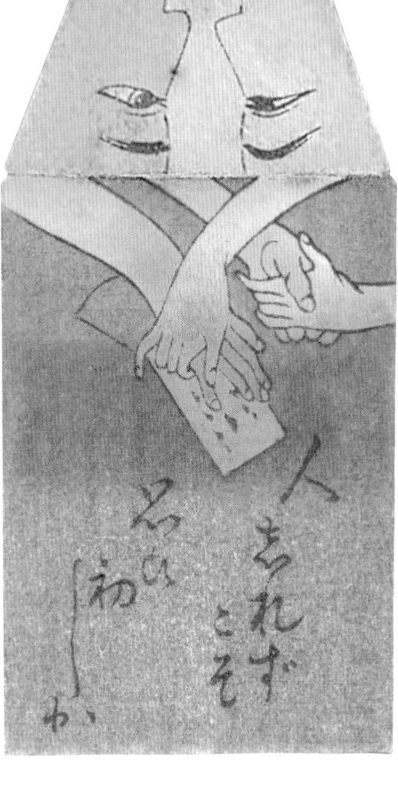
人しれずこそ
思ひ初しか

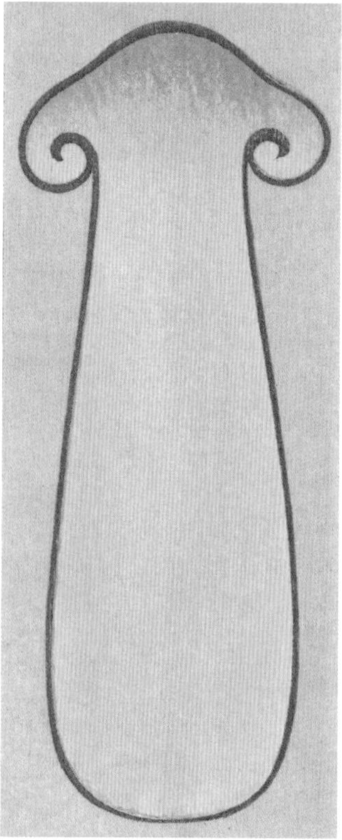

まくら画

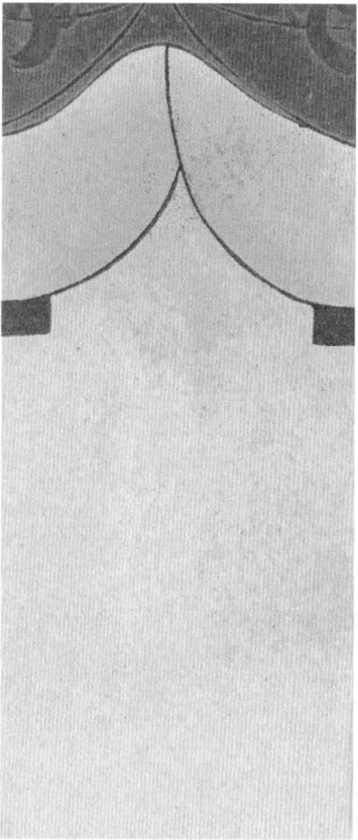

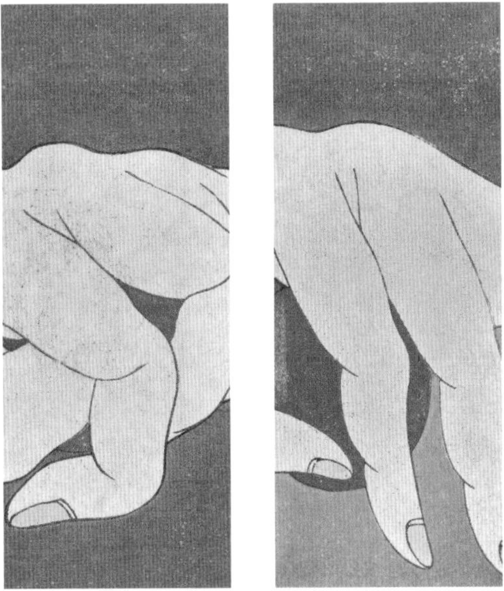

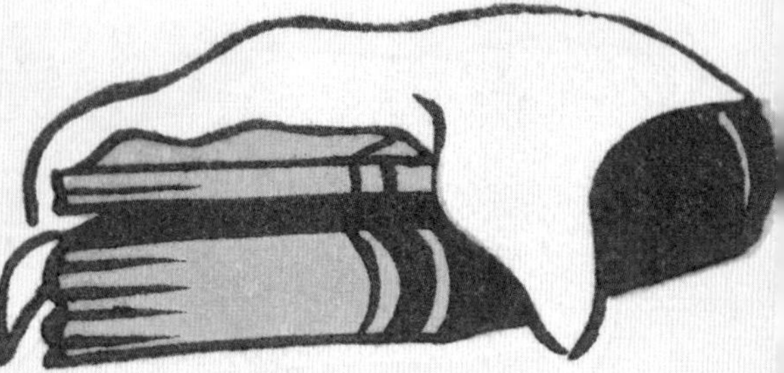

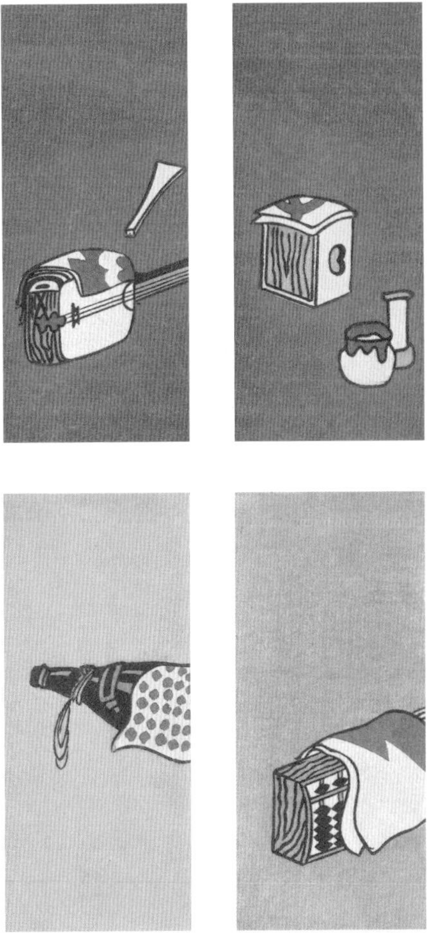

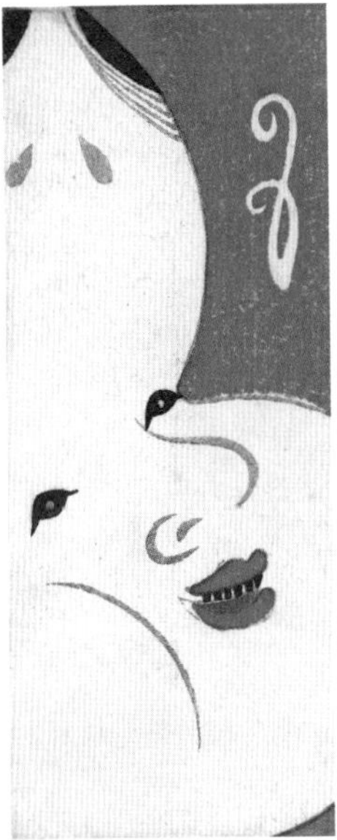

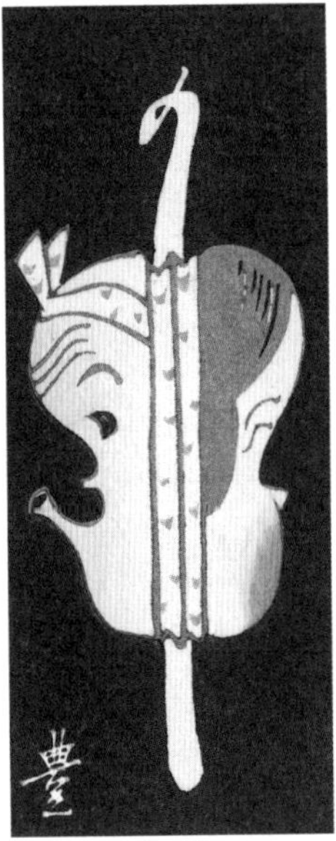

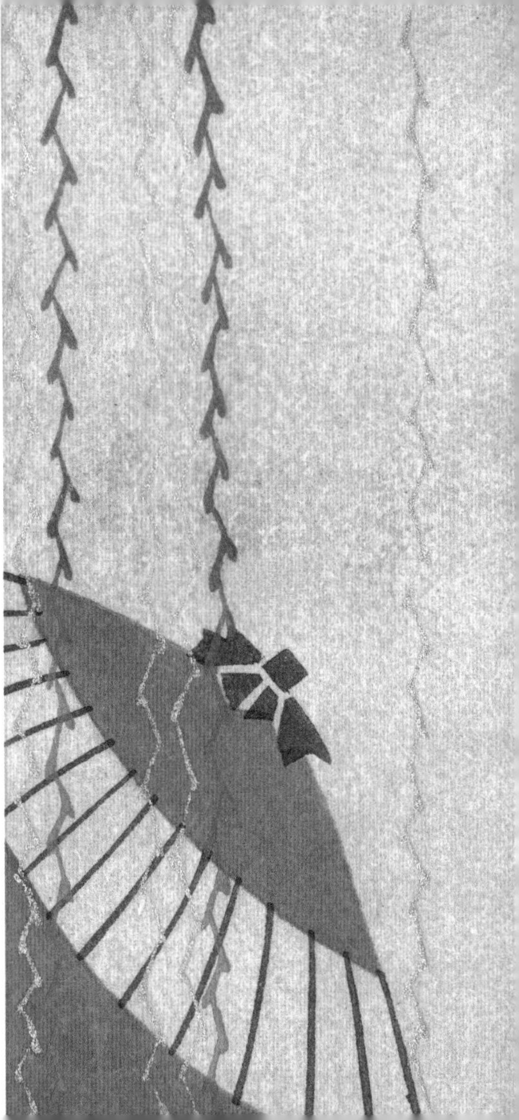

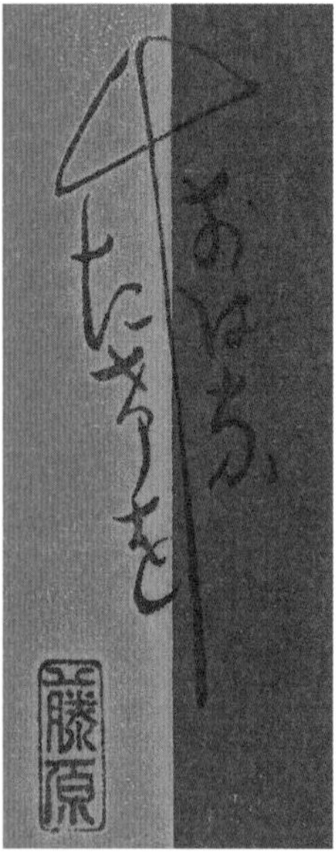
藤原

つなぎ文
Tsunagi-mon

ひとつのモチーフを、単独ではなく連続させて文様にしたもの。山東京伝の有名なものに、鰻の蒲焼きを連続させた「うなぎつなぎ」（「うらみつらみ」にかけている）がある。ほかにも蕪、ロウソク、「ごぞんじ」の文字が虚無僧になった柄、玩具の跳ね鼠を小紋に仕立てた柄など、他用を禁じた武士の紋に対抗して、町人は洒落でこのような文様を作り、楽しんだ。

まわり燈籠
Mawaridourou

枠を二重にして、ろうそくの熱による上昇気流で内枠が回転すると内枠に細工した絵や模様の影が外枠の紙や布に回りながら映る仕掛けにした燈籠。中国から伝来したが、夏の納涼玩具として発達した。走馬灯、影灯籠ともいい、俳句の季語にもなっている。内枠の細工は何でもよいので、物語のある艶々しい影絵をつくることも、もちろんできるのである。

おかめ
Okame

「お亀」と書く。頬の張り出した顔が甕に似ることからのネーミングで、「亀」は当て字だという。「お多福」ともいう。古代においては太った福々しい体躯の女性は厄をよけると信じられ、縁起のよい名前はそのためか。里神楽ではひょっとこと対になって道化やもどき役をつとめて人気が高い。お正月の遊びの「福笑い」、文字通り「笑う角には福来る」。

ひょっとこ
Hyottoko

名前は「火男」の転じたものといわれ、竈の神として祀る地方もある。おかめと対で里神楽で道化役として舞に登場する。ひょっとこの面は片方の目が小さく、筒のように尖らせた口元は、竈の前で火を吹く形を表しているといわれ、顔や片足をあげて舞う姿が鍛冶作業に由来するものという考えから、鍛冶の神につながるものと考えることもできる。

枕絵

Makura-e

浮世絵のひとつ。笑絵。春画。古くは戦に向かう男たちが具足櫃にしのばせて、魔除けとしたので、勝絵とも呼んだ。時代を経て、また、箱枕の引き出しに入れて、嫁入り道具として持たせたりもした。ほとんどが男女の（または三人以上の）睦み合いで裸体がほとんどない、というのが大きな特徴か。

蛇の目傘

Janome-gasa

江戸時代の傘は、素材や文様によって番傘、蛇の目傘、奴傘、紅葉傘などの種類がある。竹の骨に紙を張り、上端を中心に中央と周囲は青土佐紙、中間は白紙で蛇の目のように模様を施したものが蛇の目傘である。元禄の頃から作られ、おもに僧侶や医師が用い、傘張りは下級武士や浪人の内職に多かったが、身分による優遇はなかったらしい。

へのへのもへじ

Henohenomoheji

唱え言葉の文字を組み合わせて絵をつくる文字絵遊び。地方により、「へのへのもへじ」「へへののもへじ」など、書き順が異なるものもある。ほかに「つる三ハ〇〇ムし」などが有名。「ヘマムシ入道」は山東京伝の『奇妙図彙（ずい）』にも出ており、小林一茶の俳句にも「秋風や壁のヘマムシヨ入道」というのがある。

相合傘

Aiai-gasa

簡単な線書きの傘の柄の両側にふたりの男女の名前を書いて仲を示すいたずら書き。浮世絵師の鈴木春信の作品に「雪中相合傘」というのがあるように、もともとは当然、当の本人たちの絵柄があったのだろう。名前と簡単な傘の図があるだけで、実際の二人の様子が思い浮かぶところに名前のもつ不思議を感じる。

梅

千両・万両

桜

藤

鬼灯

茄子

南天

朝顔

撫子

椿

松

百合

瓢箪

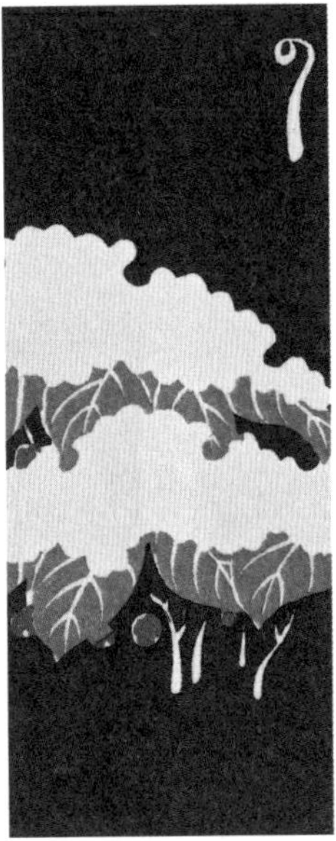

了

都

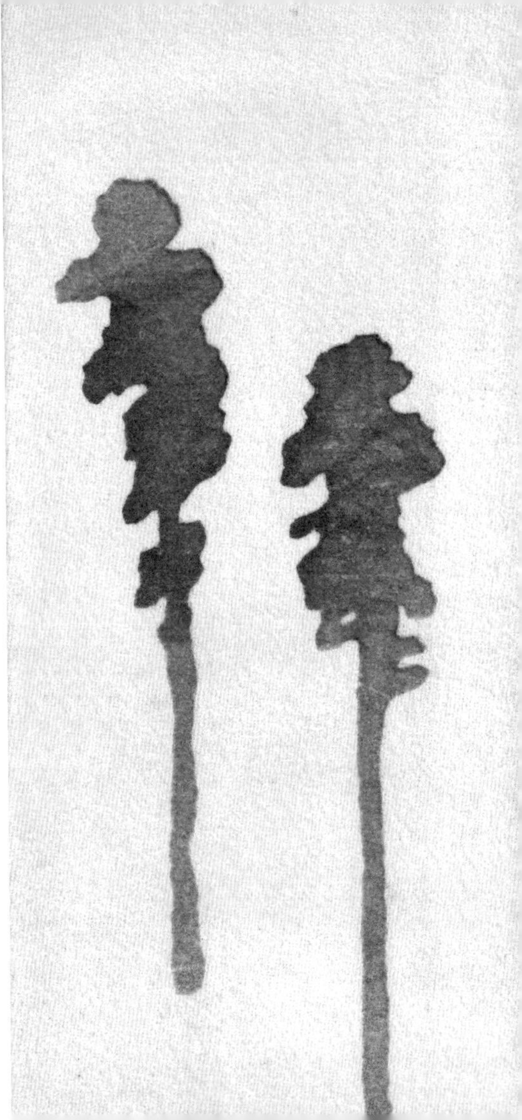

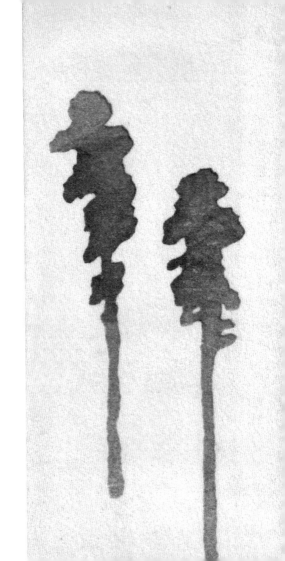

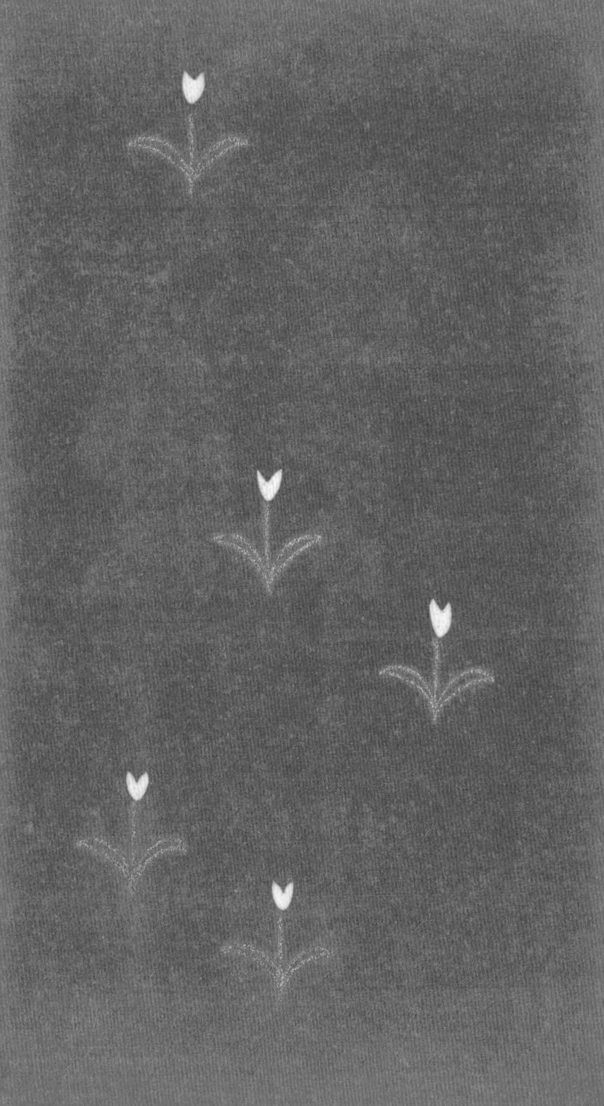

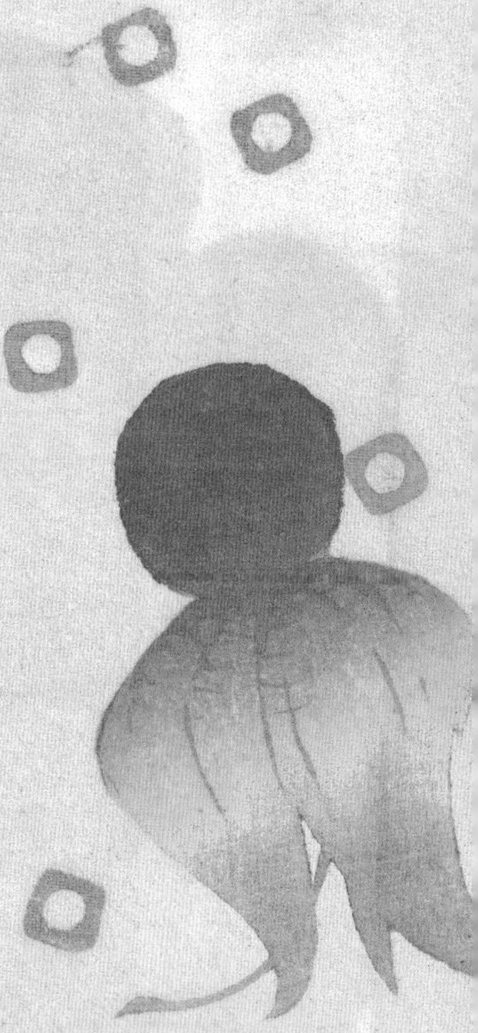

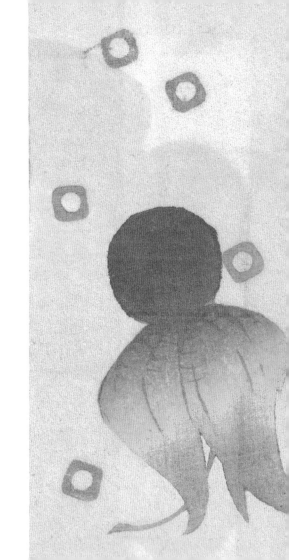

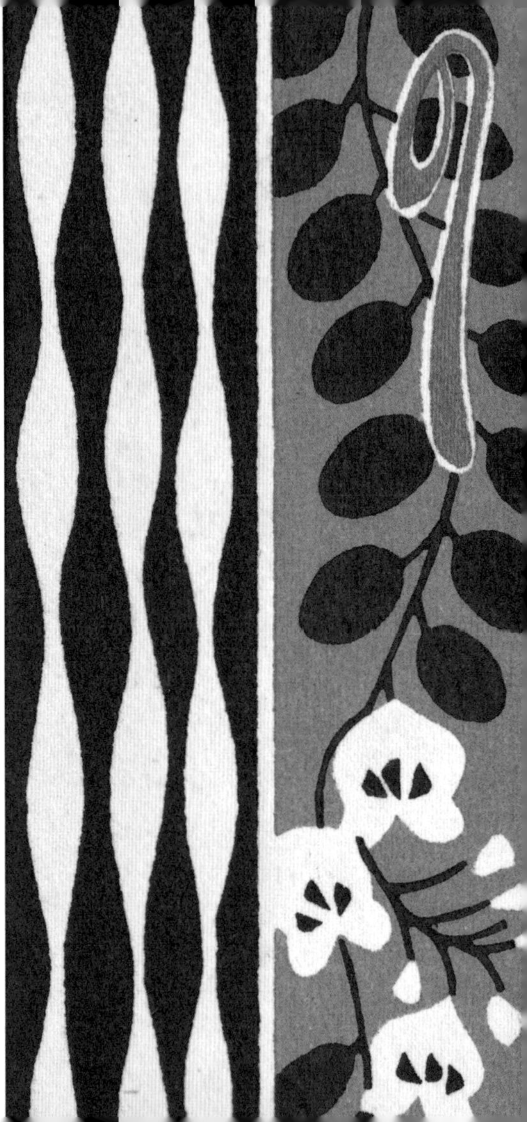

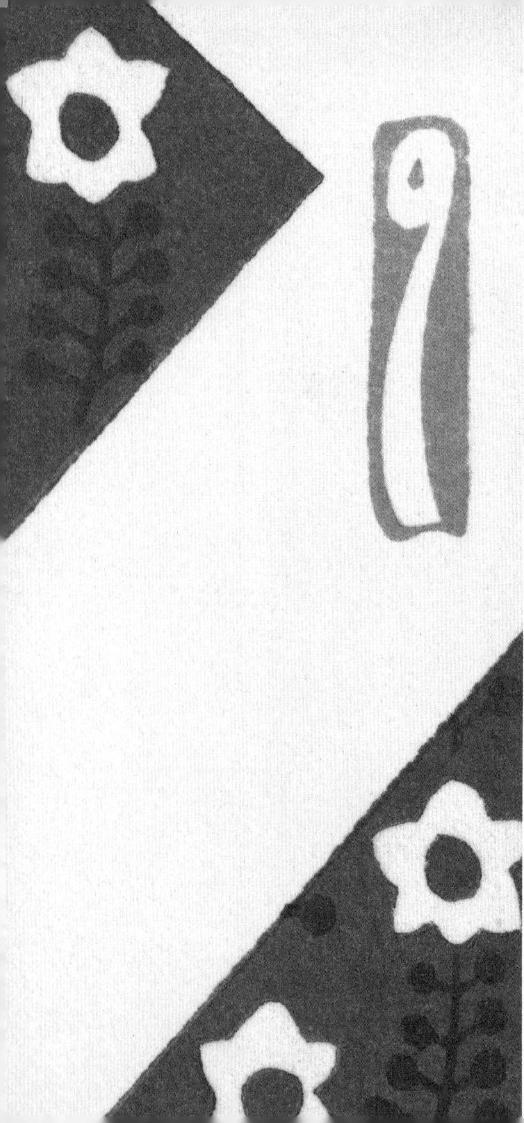
9

は

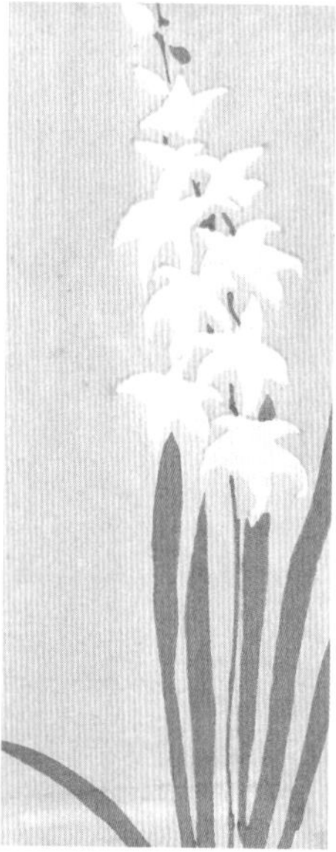

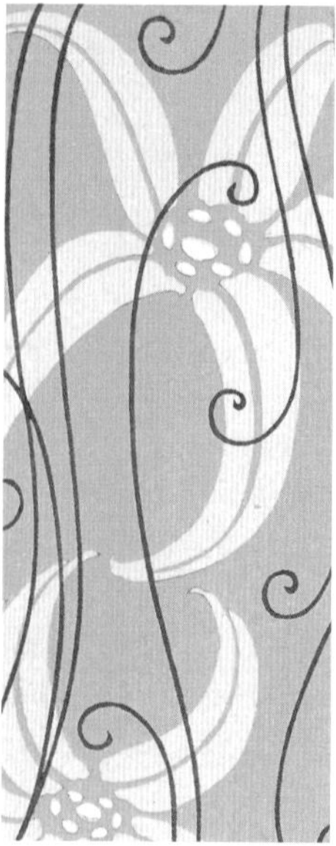

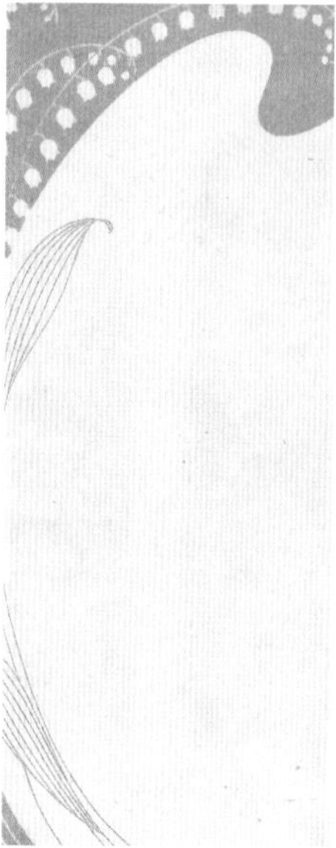

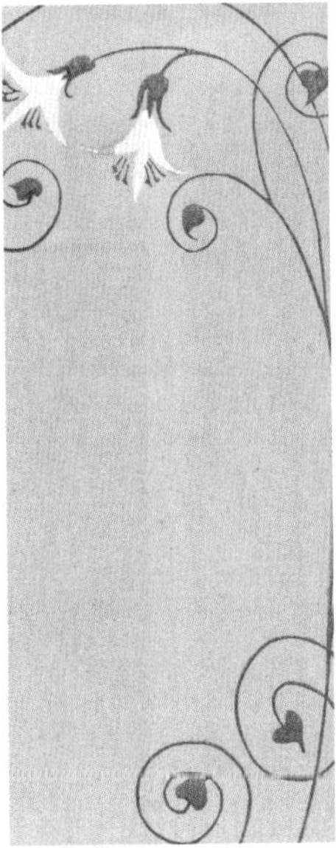

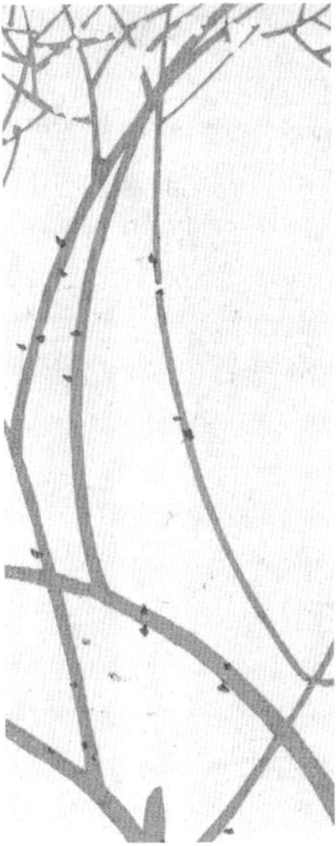

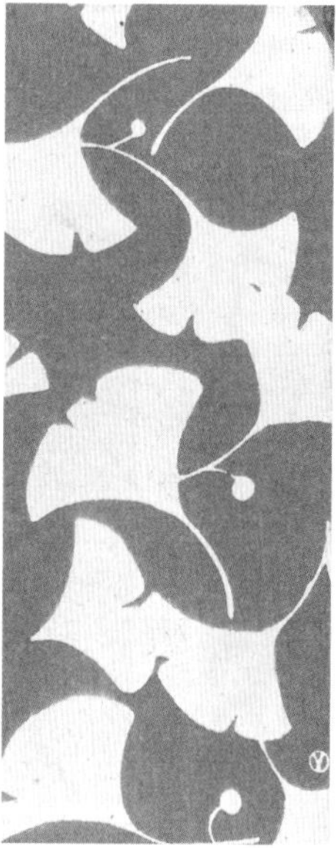

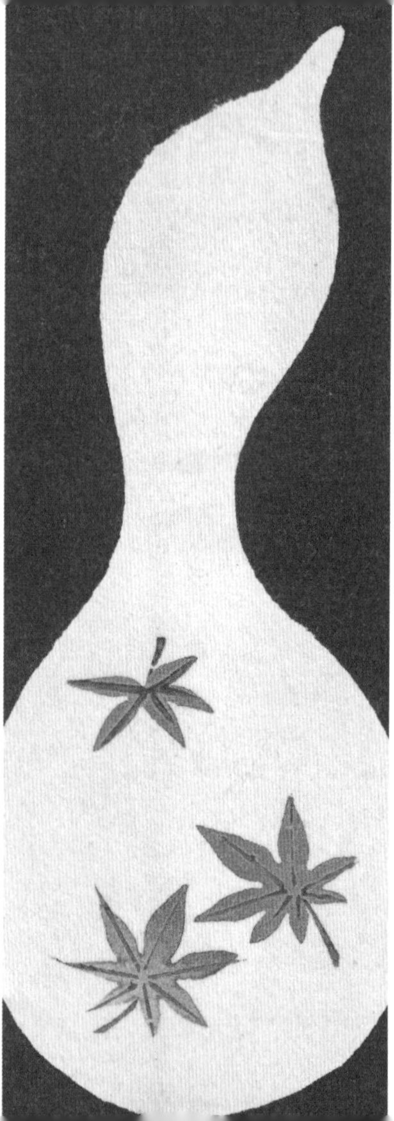

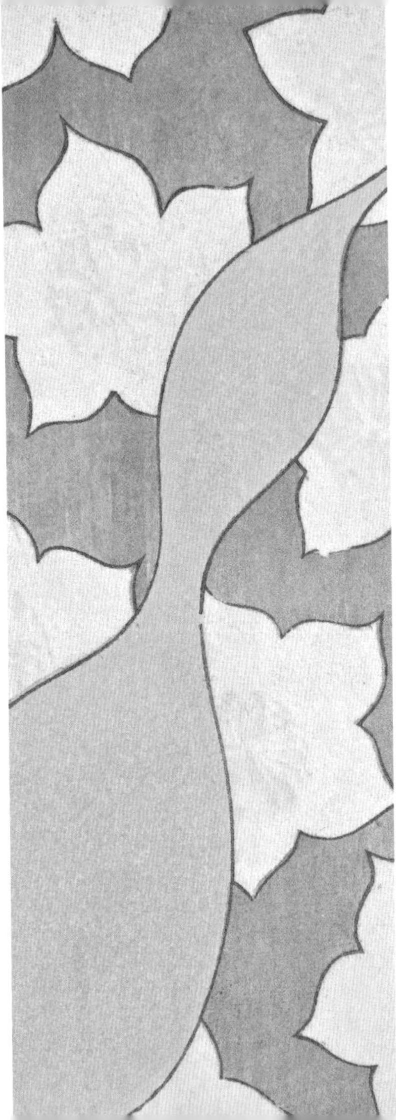

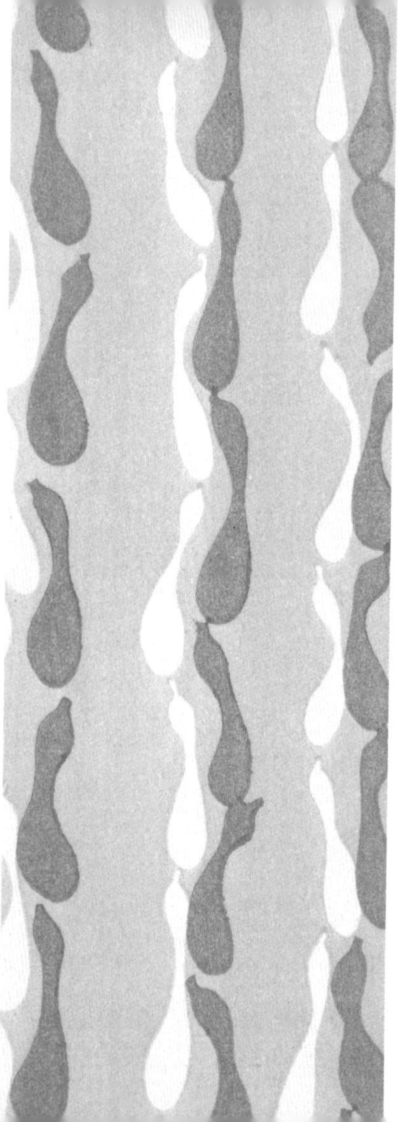

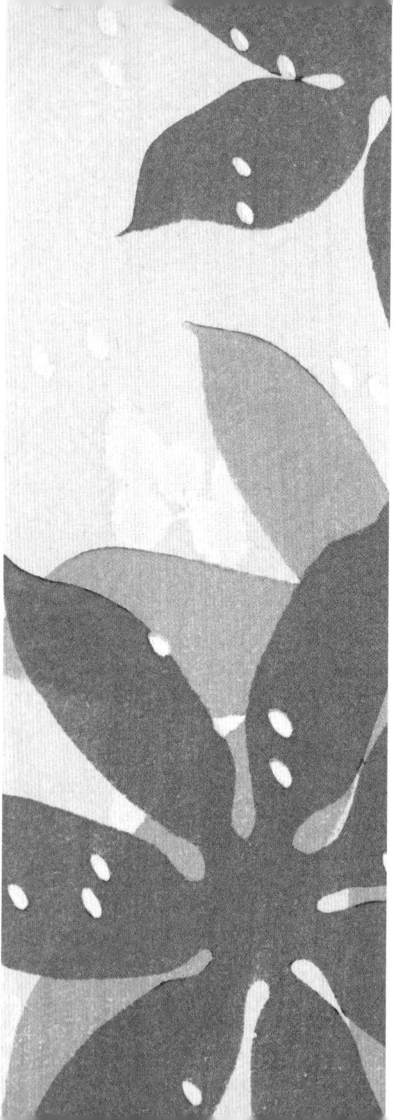

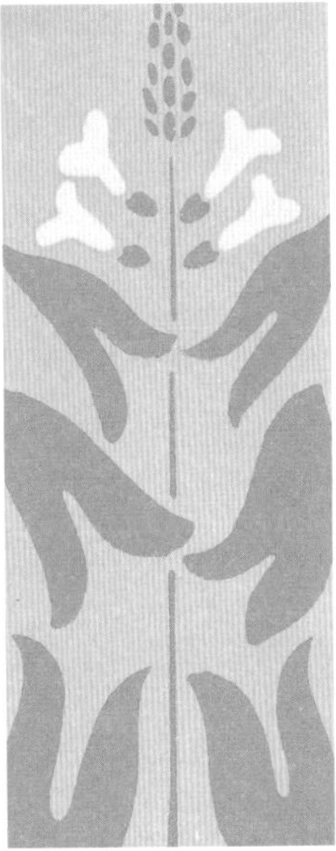

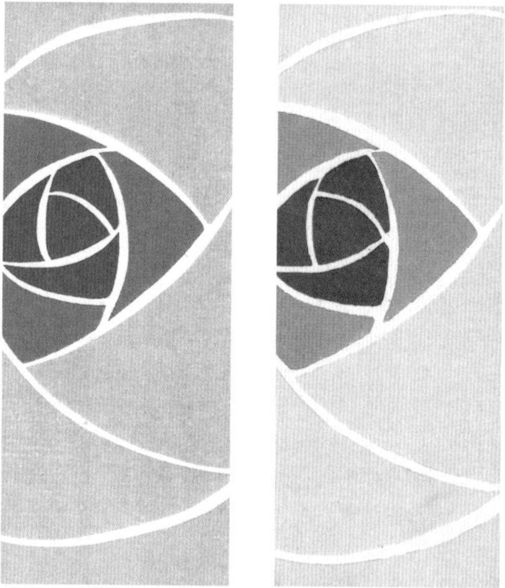

梅

Ume

写実的な梅花文と図案化した梅鉢文があり、平安時代から衣装や調度に用いられてきた。梅鉢文はとくに家紋や神紋に用いられ、菅原道真が梅を愛好したことから天満宮の神紋となっている。梅は奈良時代には日本でも植栽され、江戸時代半ばには梅見という遊びも盛んになる。江戸では亀戸の梅屋敷、大坂では岡本や高津の梅屋敷が有名であった。

千両・万両

Senryou / Manryou

「千両万両蟻通《ありどおし》」とアカネ科の常緑小低木の蟻通とあわせて財福の縁起をかつぐ。それぞれの名前の由来は、千両は葉の上の方に実をつけるので鳥に食べられやすいが、万両は葉の下に実をつけるので食べられにくく、そのため実がしっかり残る、千両は実が上向きにつくほど軽く、万両は下向きにつくほど重いなど諸説ある。

桜
Sakura

桜は奈良時代より文献にみられ、平安時代には内裏南殿の左近の梅は桜に替わる。桜会や桜狩りなどの宴も催されるようになり、以来桜は文様として用いられた。移ろいゆく花の姿に静と動を同時に表す意匠が生み出され、桜の筏流しのような花筏文様が誕生する。桜が庶民に近くなったのは、八代将軍徳川吉宗が江戸市中に桜を多く植えてからである。

藤
Fuji

藤は日本固有の花木で『万葉集』にも詠われている。平安時代には花の観賞が盛んになり、文様の意匠にも用いられるようになった。『枕草子』に「花ぶさながくさきたる藤の松にかかりたる」とあるように、松にからんだ藤をデザインしたものも多く、瑞木である松と長寿につながる藤の意匠は吉祥文様として現在でも人気が高い。

鬼灯
Houzuki

七夕や盆に庭先や仏壇に飾り、鬼灯ちょうちんとして精霊迎えに使用する。東京都浅草の浅草寺の境内で年に一度の四万六千日《しまんろくせんにち》の縁日に鬼灯市が開かれているのは、江戸後期からのこと。酸漿とも書き、記紀には八岐大蛇の目の形容として赤酸漿《あかかかがち》の語がみられることから、その頃から日本にあった植物であったことがわかる。

茄子
Nasu

茄子の花は咲けば必ず実を結ぶことから、茄子の花には無駄がなく、名前が「成す」に通じ、物事が成就するというめでたい意がある。初夢の縁起物のひとつに加わっているのは、このためと思われる。茄子はインドの原産だが、最古の記録として、正倉院文書に献上の記録があることから、古くから栽培されていたと考えられている。

南天
Nanten

南天はその実を鎮咳薬として、樹皮や根皮は胃病、脱肛、眼病の薬としてもともと用いられ、毒をはらう吉祥木とされてきた。また、名前が「難転」に通じるという語呂合わせから、縁起木として家屋の鬼門にあたる方向に厄除けとして植える習慣がある。正月には松竹梅、千両などと一緒に吉祥飾りとして飾られ、新年の厄除け祈願とする。

朝顔

Asagao

朝顔はもともと種子を牽牛子《けんごし》といい、漢方薬として用いていた。いつの間にか桔梗をさしていた「朝顔」を称すようになり、花の命の短いことからこの世の儚さの象徴とされる。江戸時代の園芸ブームでさまざまな珍花、美花、変形花が作られ、詩歌、絵画、浮世絵の題材となった。現在も作られる「団十郎」はその当時の作られた品種。

撫子

Nadeshiko

撫子は秋の七草のひとつとして古くから親しまれており、春から夏にかけて咲くため、「常夏」とも呼ばれる。「撫子」が「撫でし子」に通じるところから、文使いの花としても用いられてきた。『枕草子』に「なでしこ、唐のものはさらなり。やまとのもいとめでたし」とあるように、古来自生していたもののほかに、「からなでしこ」があった。

椿

Tsubaki

落首を連想させるため忌まれることも多い椿は、もともとは春に先駆けて花をつけ、春の到来を告げる聖なる木であった。子供のはしかや災難よけに椿で作った槌を腰につけたり、若狭の八百比丘尼《やおびくに》は白玉椿の枝で神意を占ったりと、聖性伝承は多い。平安時代に宮廷で正月に作られた邪気をはらう呪具にも椿が用いられた。

松

Matsu

松は瑞木として好まれ、平安時代には吉祥文様として衣装や調度品に用いられてきた。若松、老松、松葉、松木立など単独で、また鶴亀、岩山などと組み合わせて用いたものも多い。常緑の松竹や冬に芳しい花を開く梅は人格者の節操の象徴とされ、宋画によく用いられた。これは日本にも伝わったが、日本では吉祥の象徴性がより強調されている。

百合
Yuri

百合の記述は記紀にすでにあり、『万葉集』以後の文学や美術にも百合をめでたものが多い。けれども栽培がやや難しいことなどから栽培・品種改良の歴史は短く、江戸時代後期になってからである。文様としては正倉院御物の花樹孔雀文刺繍にすでに百合の文様がみられ、桃山時代の能装束の茶地百合御所車模様縫箔が有名。

瓢箪
Hyoutan

『日本書紀』には河の神を鎮める呪具として登場する。中空なものの中には神霊が宿るという古代信仰がうかがわれる。ほかにも、種が多いため、子孫繁栄や商売繁盛、異称の「ふくべ」から「福を招く」など、縁起のよいものとされており、実や蔓の形の面白さから衣装の文様にも用いられた。江戸時代後期の狂言衣装には奇抜な図柄も登場している。

歌舞伎

役者絵

女形

隈取

大入袋

定式幕

能

能面

文楽

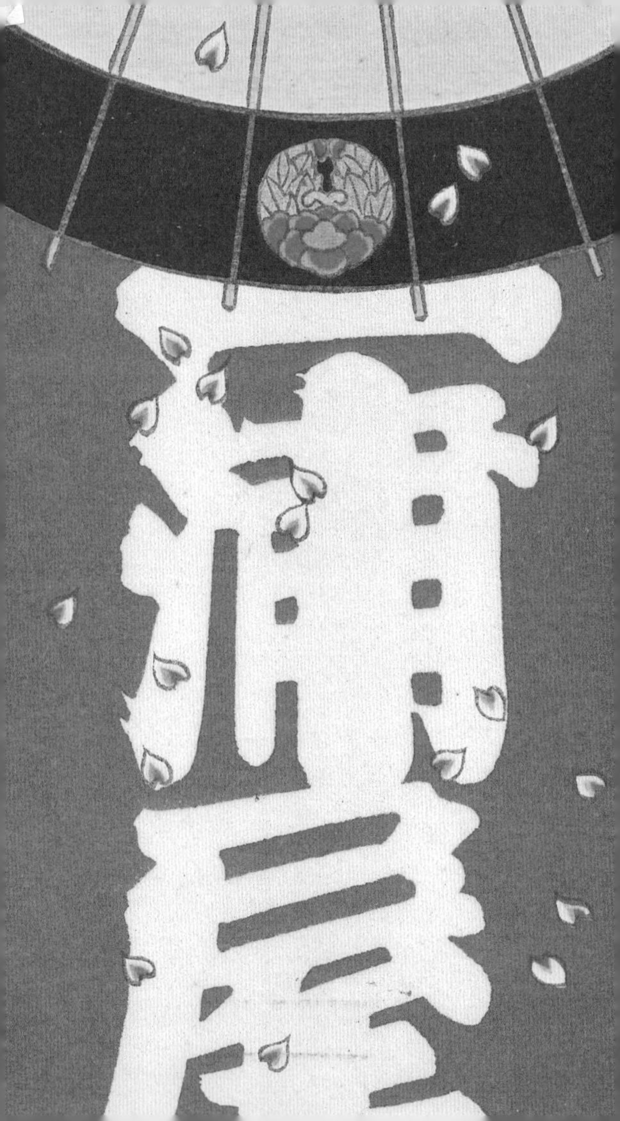

与三
国光画

幸四郎

おとみ

女房おせつ
秀調

松助

奴凧
助弥

宗十郎

郷獅子

土ぐも

朝比奈

日の出からま

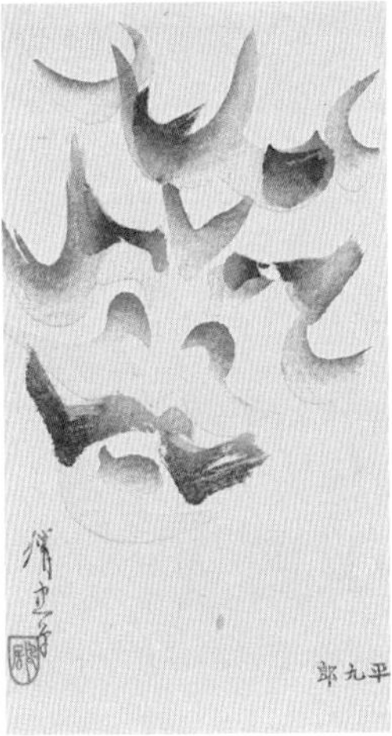
平九郎

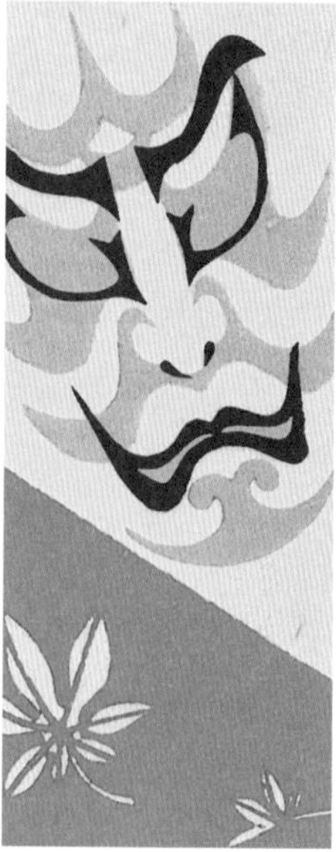

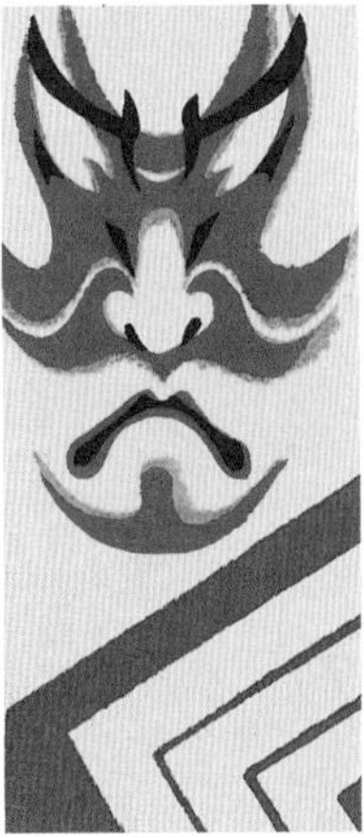
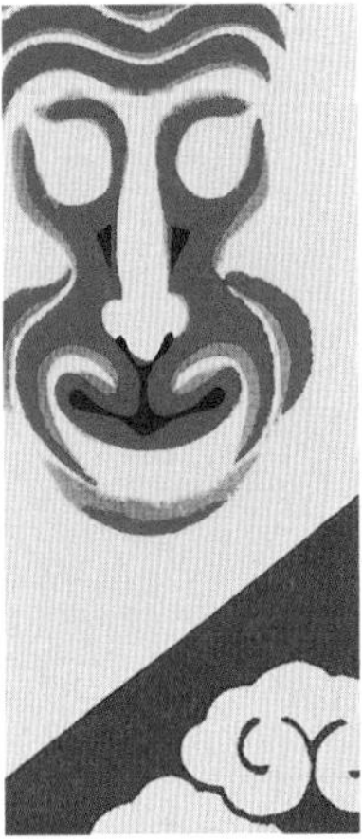

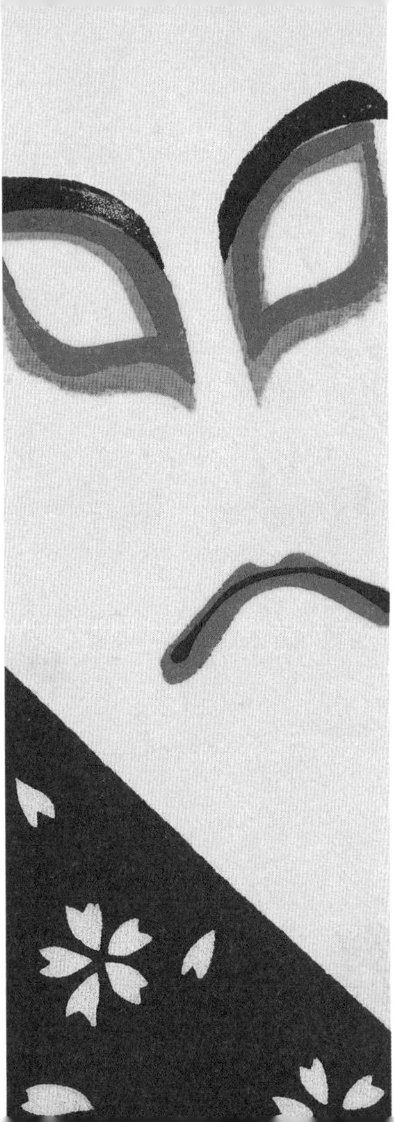

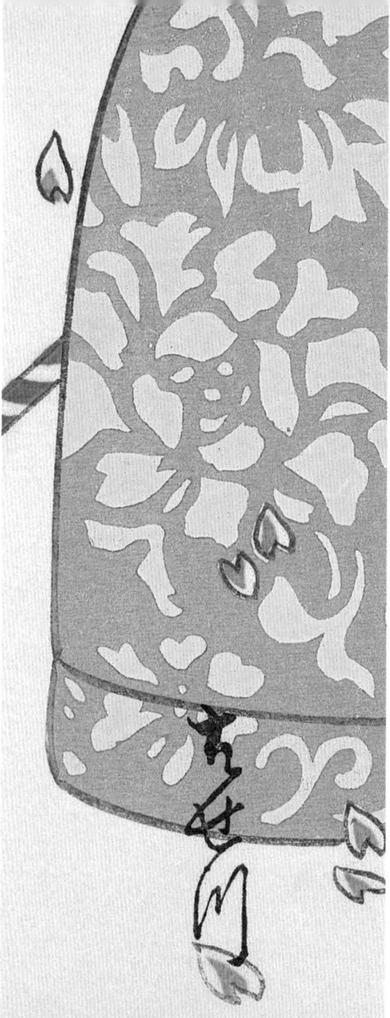

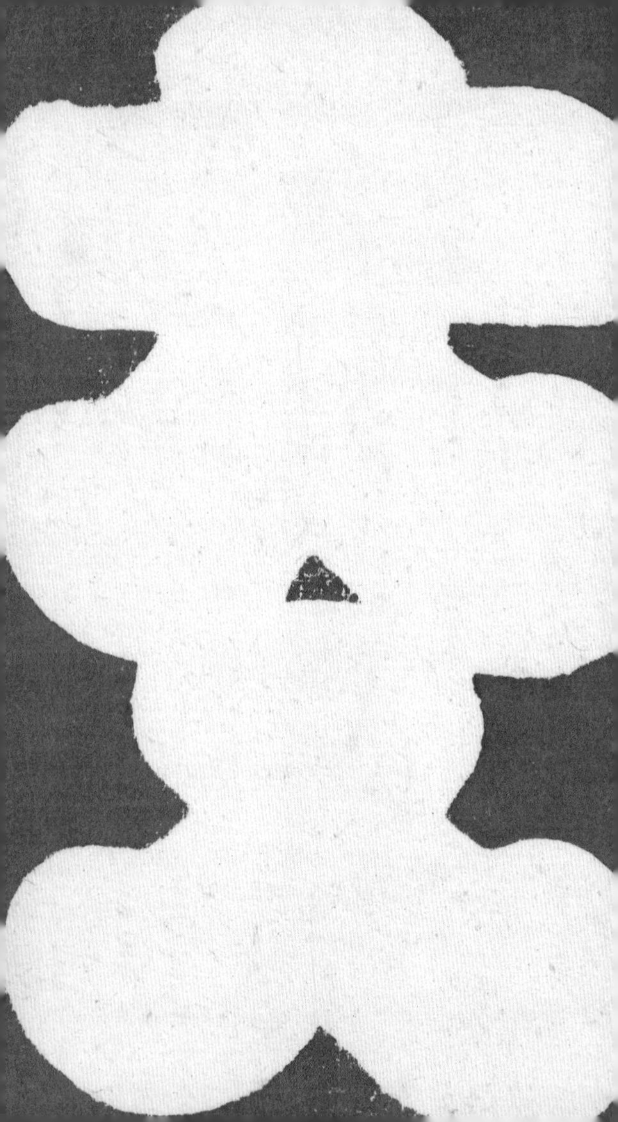

新國劇
澤田正二郎

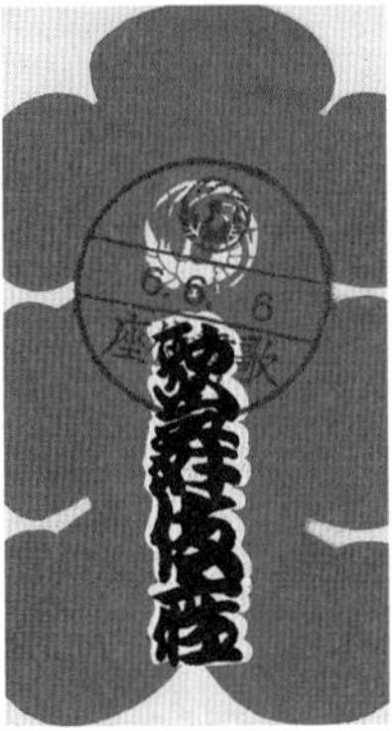
6.6.6
歌舞伎座

4.24
明治座
明治座

賣切祝
帝國劇場

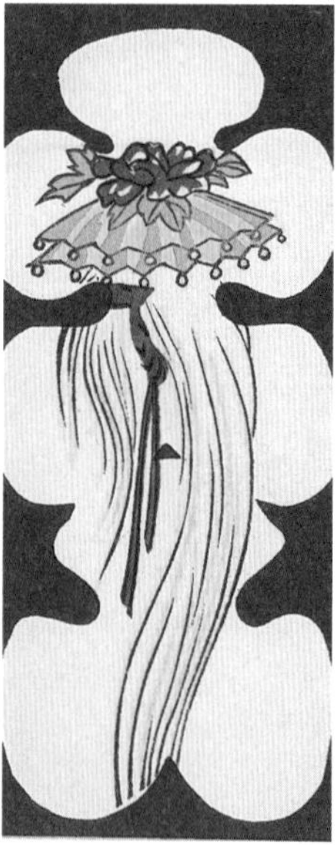
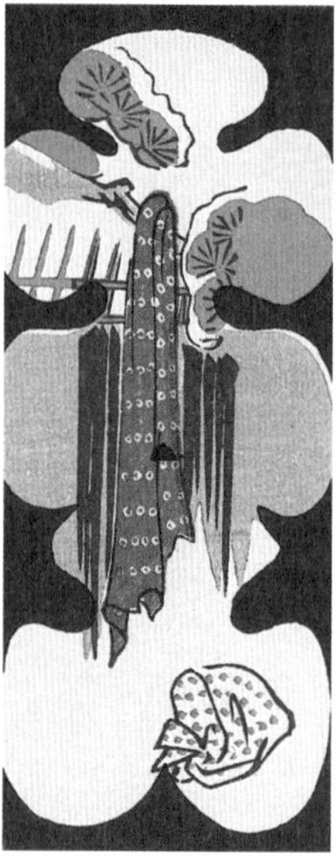

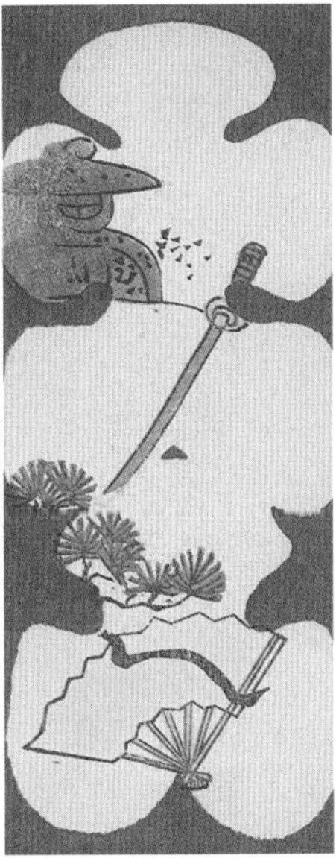

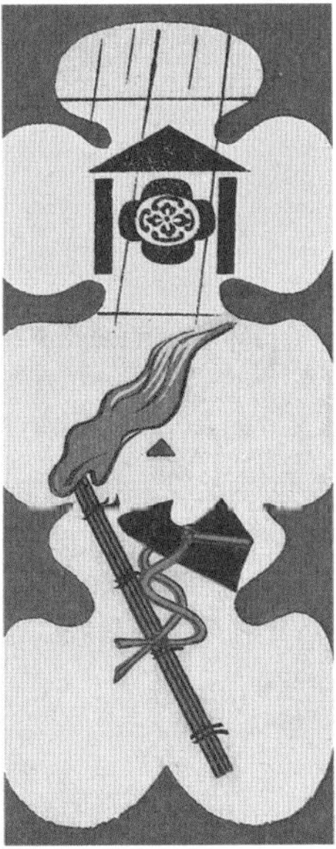

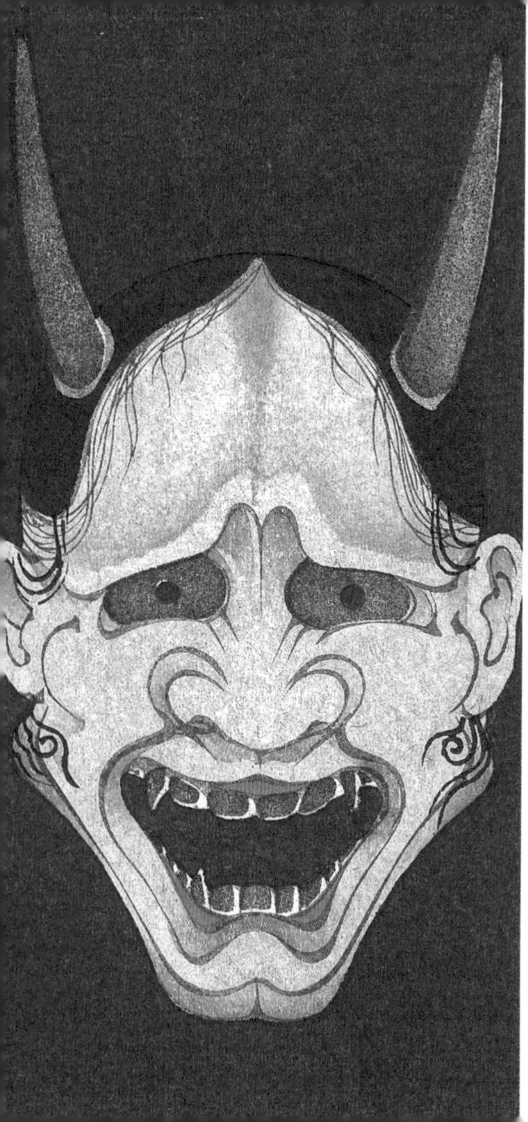

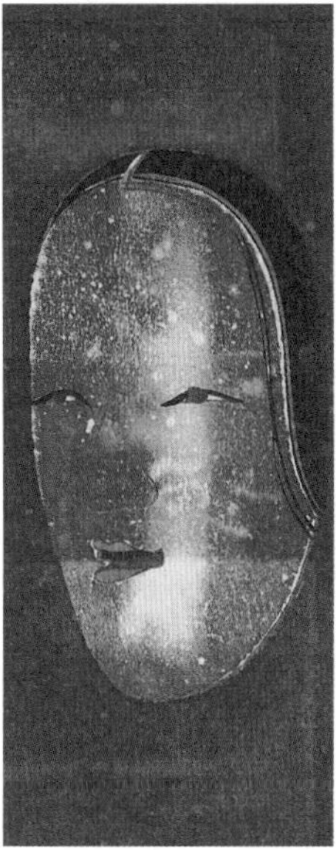

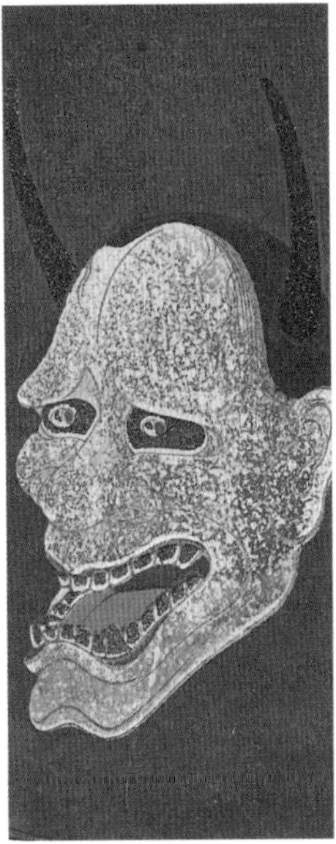
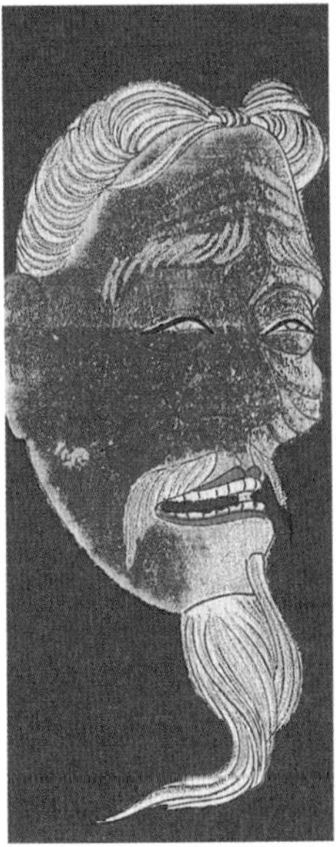

國粋

操り芝居

登録商標

京都京極

さくら井屋版

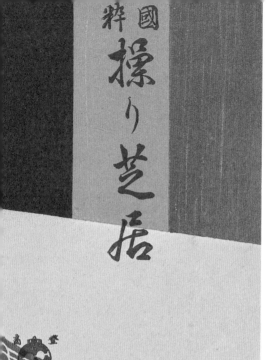

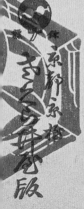

帳
帳

帳

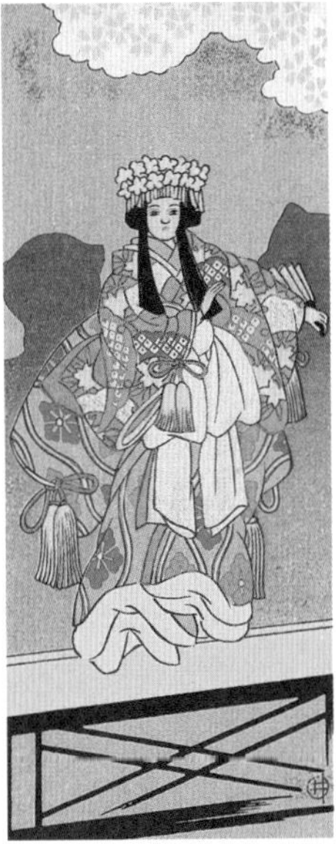

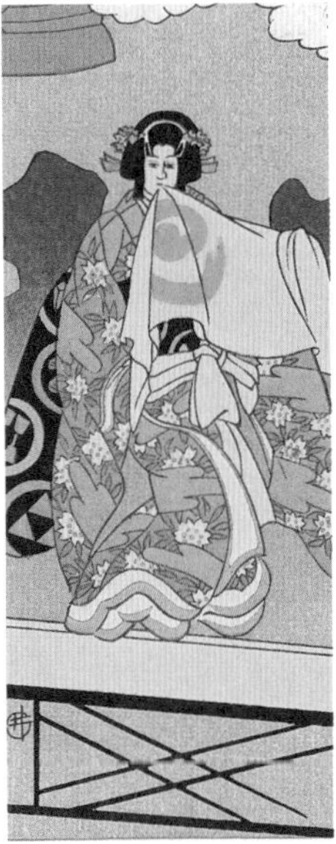

歌舞伎
Kabuki

歌舞伎は出雲阿国の歌舞伎踊に始まる。伊達なかぶき者に男装した阿国の官能的な踊りは、民衆に熱狂的に受け入れられたものの、風紀の乱れを理由に禁止され、数々の変遷ののち、男性のみで演じる現在のような野郎歌舞伎となった。歌舞伎がその後数百年にわたり培われていく文化として花開くのは、十七世紀後半のことになる。

役者絵
Yakusha-e

歌舞伎役者の舞台姿や日常の姿を描き、ブロマイドのように売ったもので、全身像、大首絵、大顔絵などがある。初めは個性の乏しいものだったが、錦絵《にしきえ》の技法が完成されると、写実的で役者と芝居の個性をとらえたものが摺られるようになった。勝川春章や東洲斎写楽、歌川豊国などにより、役者絵は彫摺技術の粋をこらした艶麗な色刷り作品となっていった。

女形

Onnagata

「男方」に対する「女方」なので、読み方は「おんながた」。江戸幕府が風紀上の理由で女性芸能者を禁止したために生まれた。はじめは芸の修養のため、女性として生活をし、女性以外の役は許されなかったが、江戸時代の中期以降、そうしたきまりはゆるんだという。坂田藤十郎や芳沢あやめ、瀬川菊之丞などがいまも名前が残る有名どころ。

隈取

Kumadori

歌舞伎の化粧法で、顔面の筋肉を基調に、感情によって浮き出た血管などを誇張して紅や青黛《せいたい》などの顔料で片ぼかしに筋を描く。初代市川団十郎がはじめて用いたが、単純な線描きだったのを、二代目がぼかしを加えた。紅色が善性で若さや力を表すのに対し、藍や茶は陰性で悪や物の怪を表している。

大入袋

Ooiri-bukuro

興行場などで、客が大入りのとき、スタッフなどに慰労と祝儀を兼ねて出すお金を入れた袋で、表に「大入」と記されている。金額はさまざまだが、「五円」を「ご縁」にかけて、五がつく数字になっていることが多い。五円玉を十枚、「末広がり」の意味でピラミッド型にはってあるというものも。金額が少なくても、縁起物である。

定式幕

Jyoushiki-maku

幕府の許可を得ていた「江戸三座（中村座・市村座・森田座）」にのみ許されていた歌舞伎舞台の開閉に使う引き幕。三色の縦縞で座によって色が異なり、中村座は右から黒・柿・白、市村座は黒・柿・萌葱。森田座は萌葱・柿・黒を用いた。現在、国立劇場が市村座、歌舞伎座をはじめとするほとんどの劇場では森田座の定式幕が用いられている。

能

Noh

南北朝時代にはじまった能楽は、足利義満の庇護のもと観世流の観阿弥・世阿弥親子によって現代に伝わるほとんどが大成された。あまり知られていないことだが、近世になって桃山時代の華麗な能装束が今に伝わる背景には、豊臣秀吉の篤い庇護がある。観世、金春、宝生、金剛の四座に配当米を与え、長く途切れていた薪能や例祭能を復活させた。

能面

Noh-men

能楽で用いる仮面。「顰《しかみ》」や「般若」などの鬼、老人を表す尉《じょう》、「中将」や「痩男」などの男、「小面」や「若女」などの女などに分けられ、さらに「俊寛」や「弱法師」など、特定の役の面もある。彫り方や彩色にも工夫があり、ひとつの面で喜怒哀楽を表現できるように作られている。現在では二百種以上あり、それぞれに名前をもっている。

文楽

Bunraku

人形浄瑠璃は竹本義太夫が近松門左衛門の『出世景清』を竹本座で演じ、新しい時代を迎えた。「文楽」と呼ばれるようになるのは、一八五八（安政三）年に大坂に文楽座ができ、多くの名人が輩山されるようになってからのことになる。「三業（太夫・人形遣い・三味線）一体の芸能」といわれる人形浄瑠璃には、人形でしか表現できない奴しさがある。

熨斗

寸志

名入れ

紋

寿

灰落とし

店先行灯

大福帳

入船帳

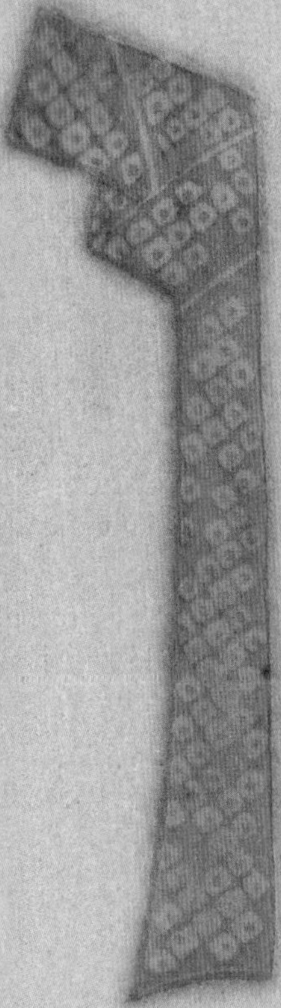

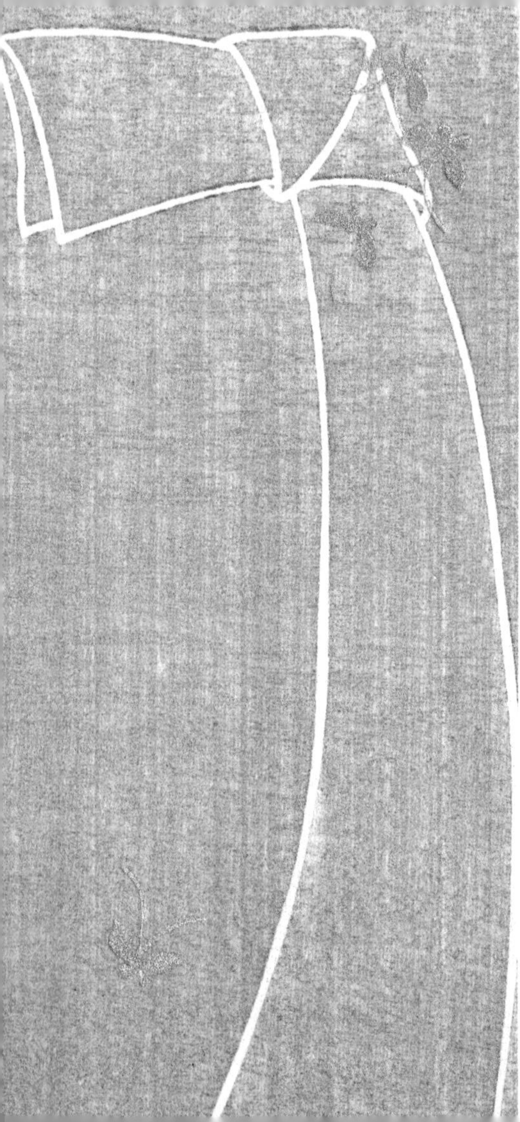

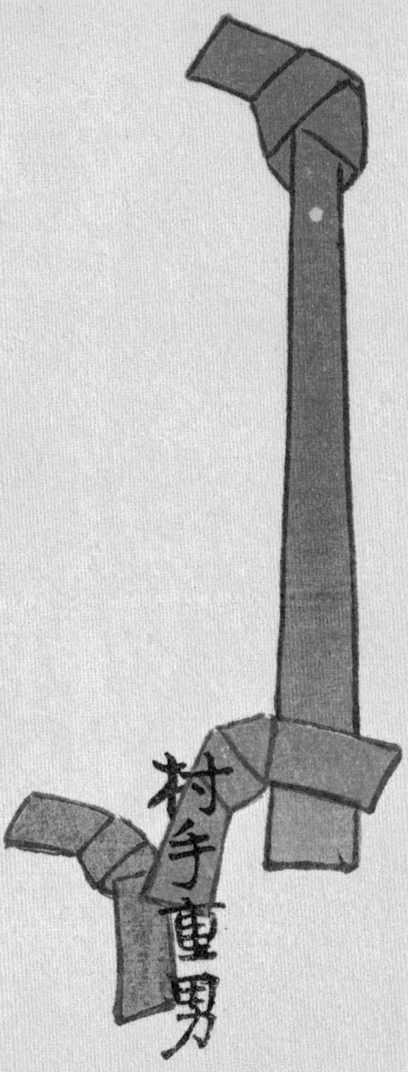
村手重男

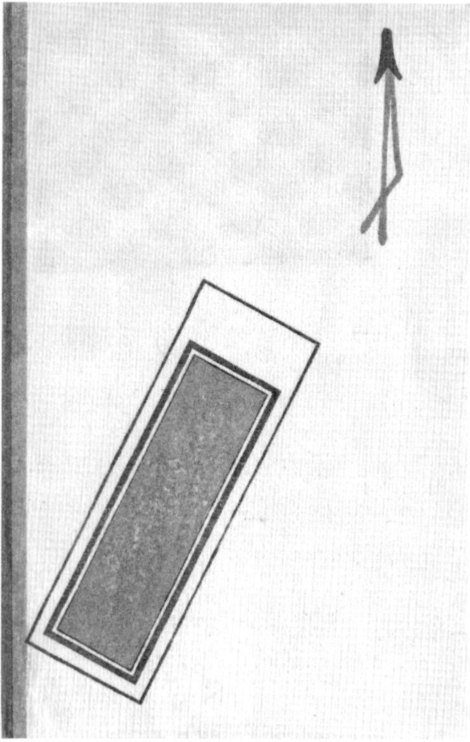

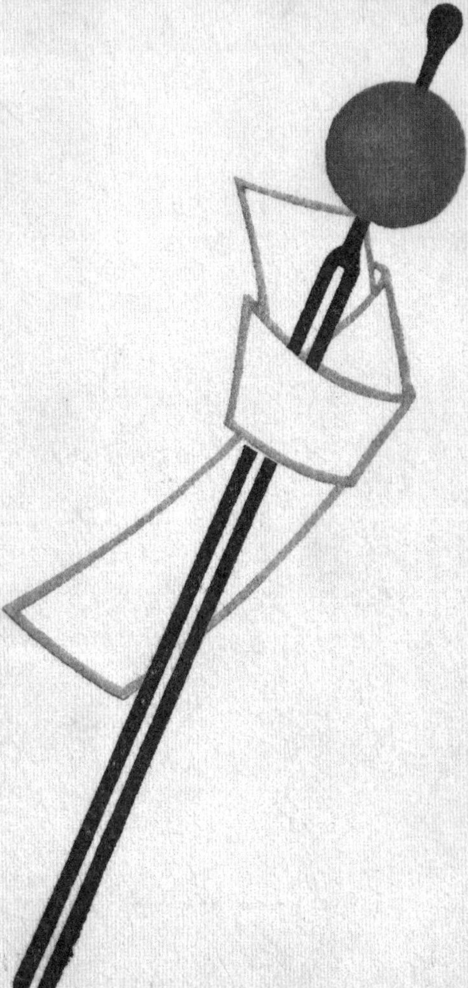

若村屋

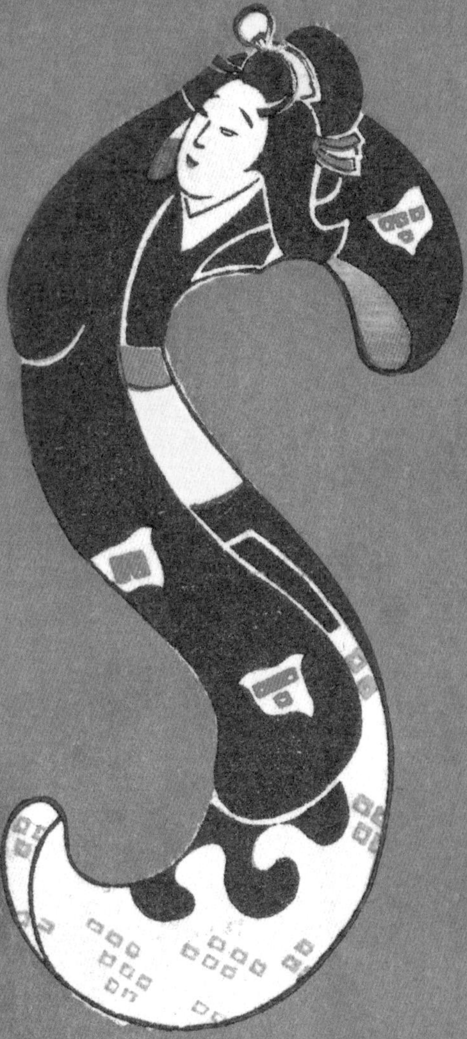

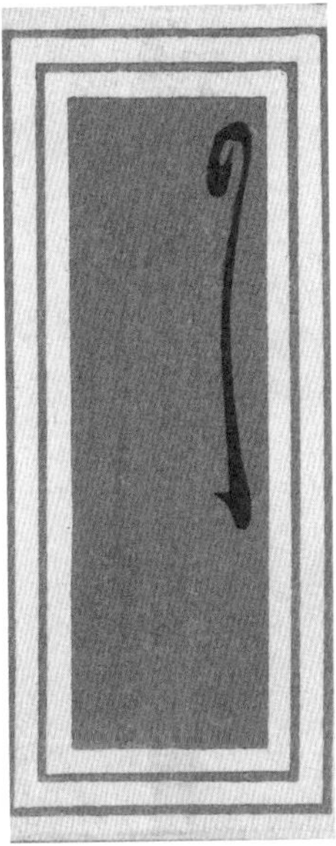

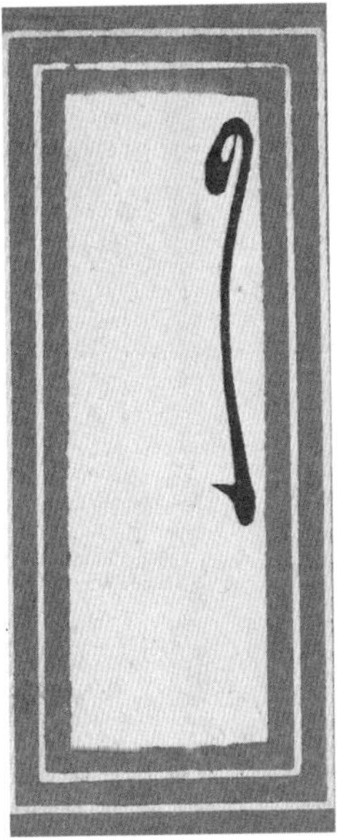

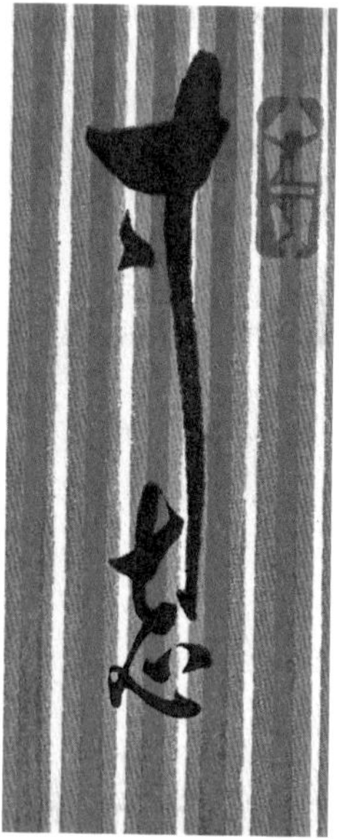
寸志

寸志

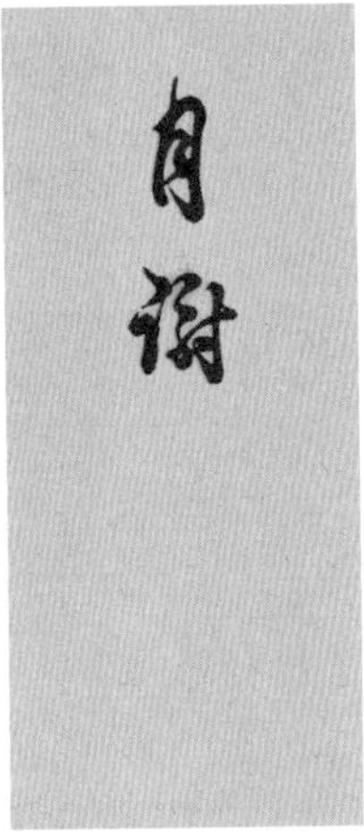

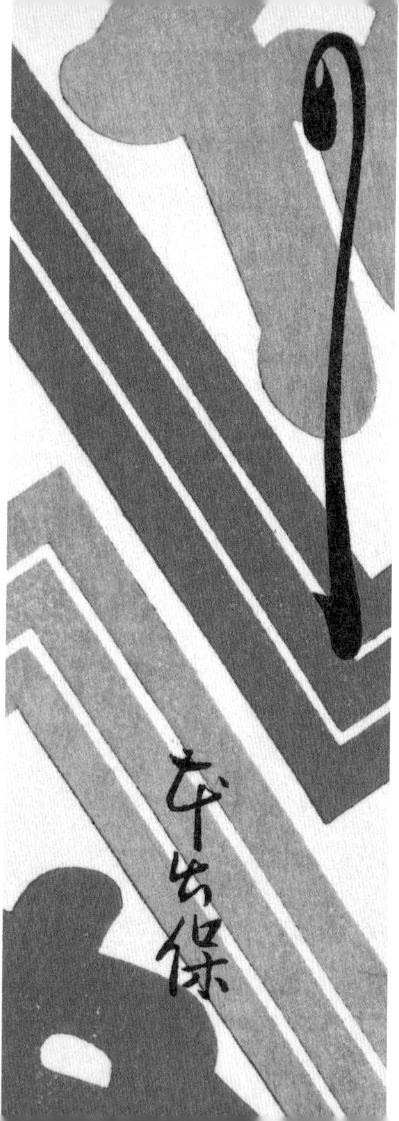

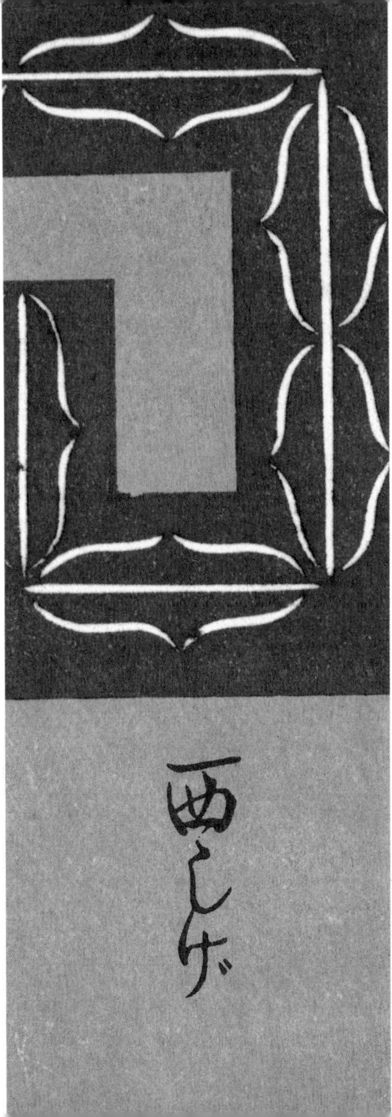
西しげ

中じま

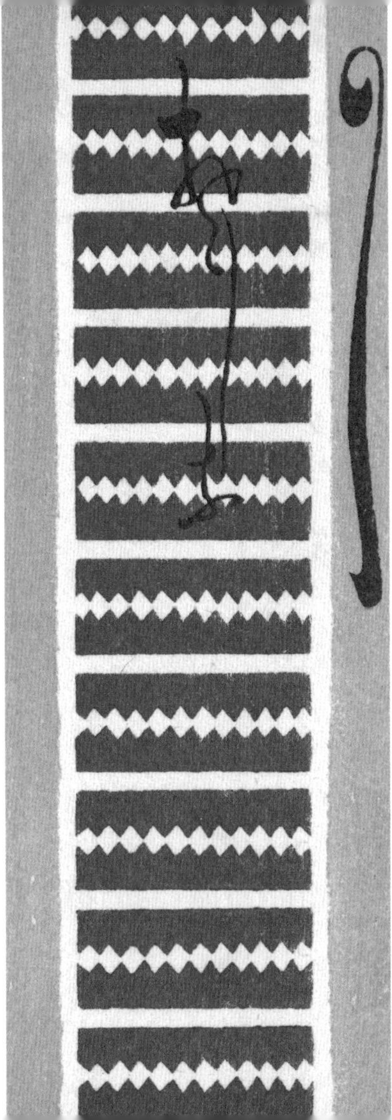

小笠原

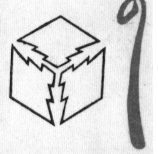

柏新

もみぢや

山本清風

小西一四三

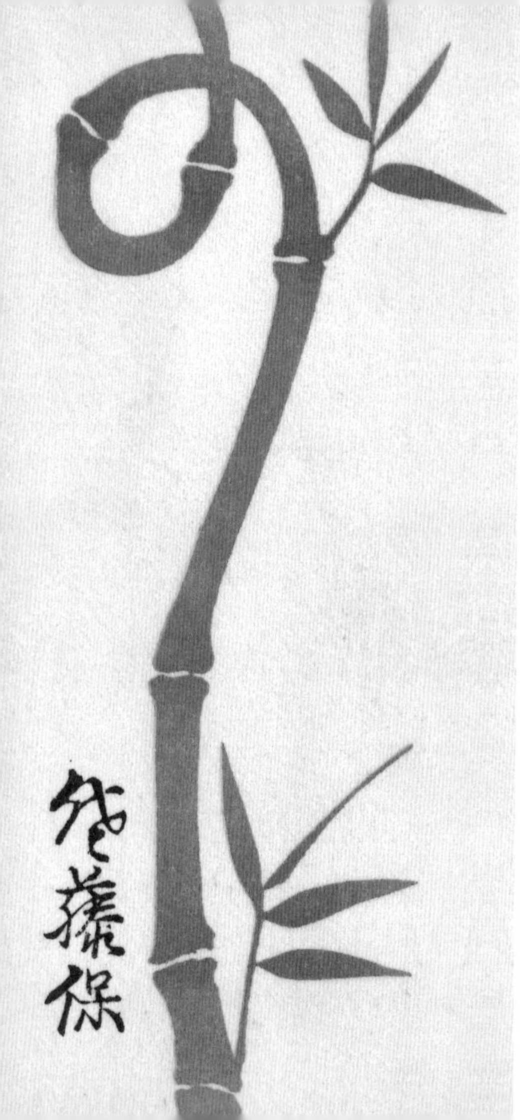

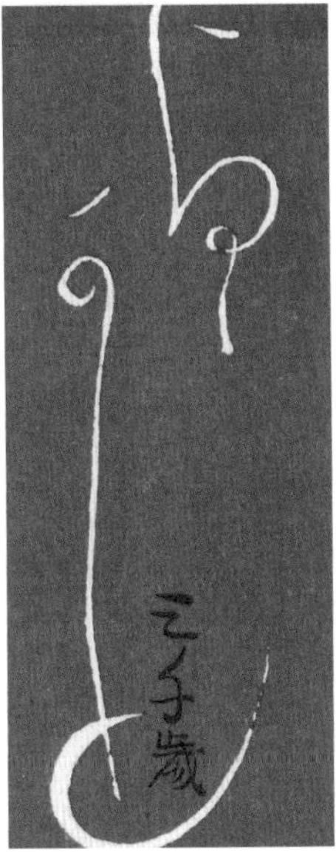

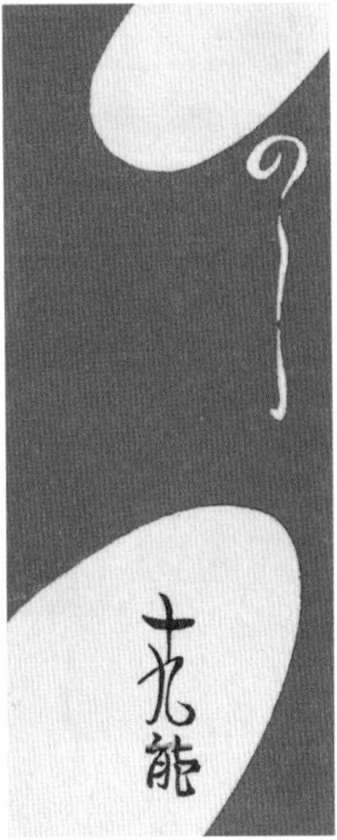

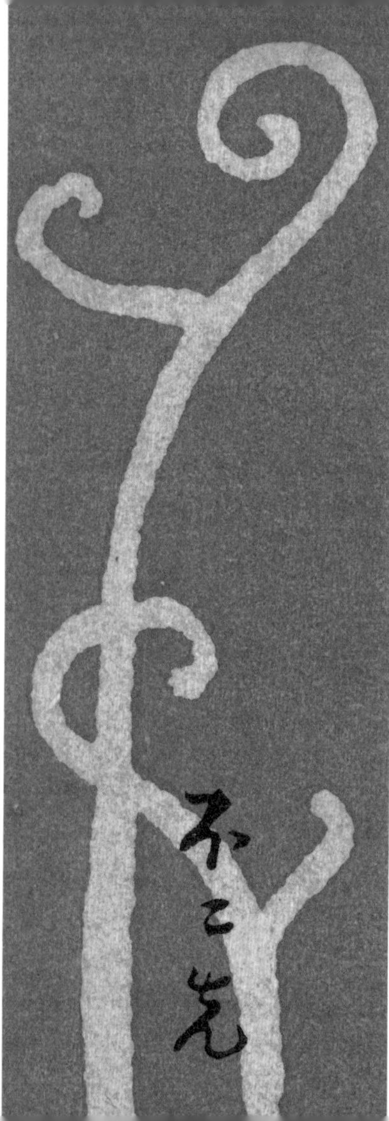
不二先

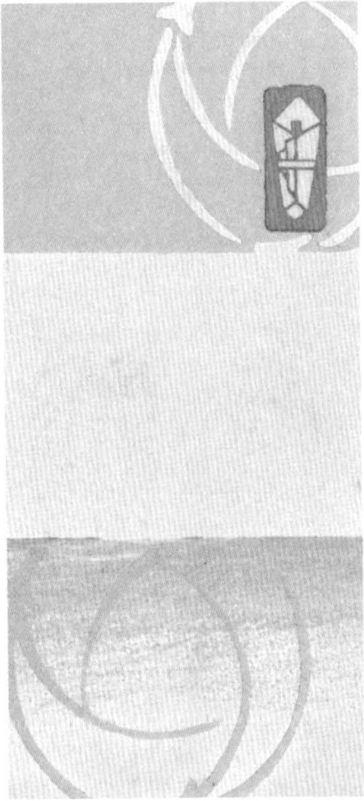

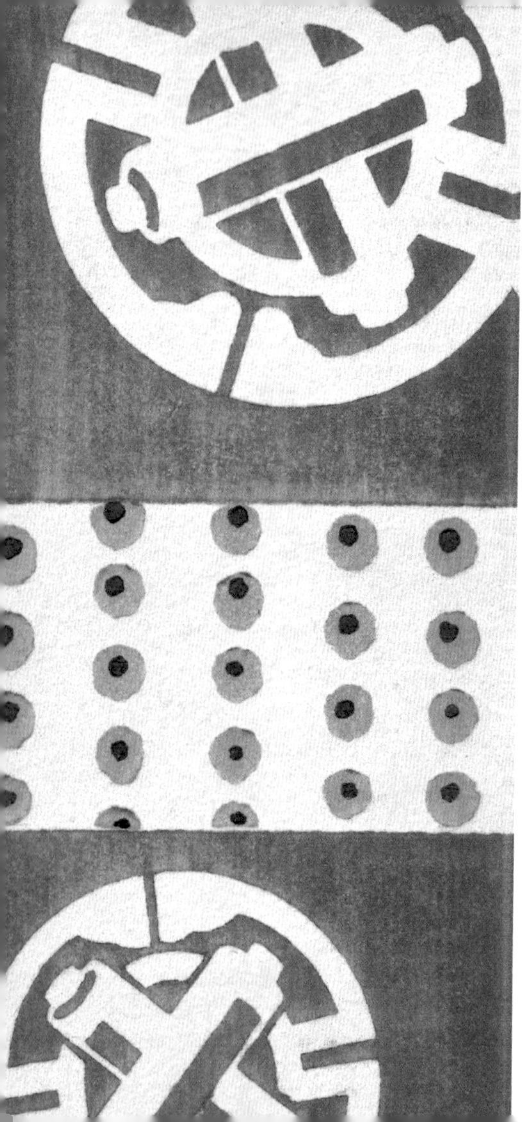

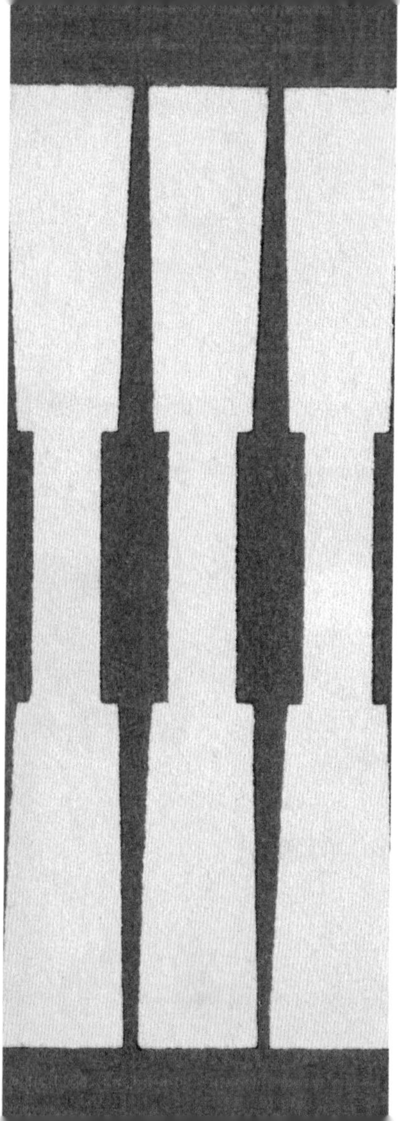

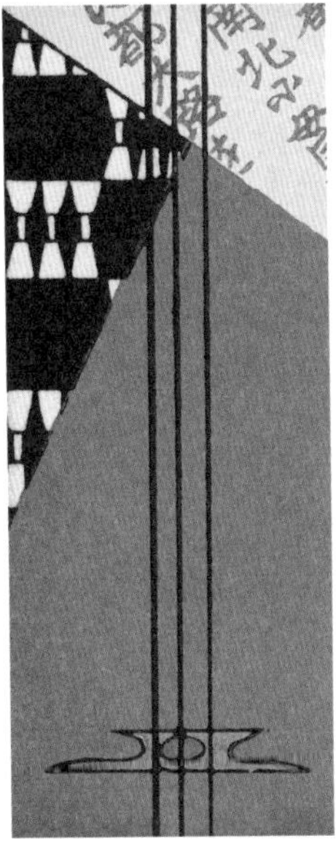

梅がき

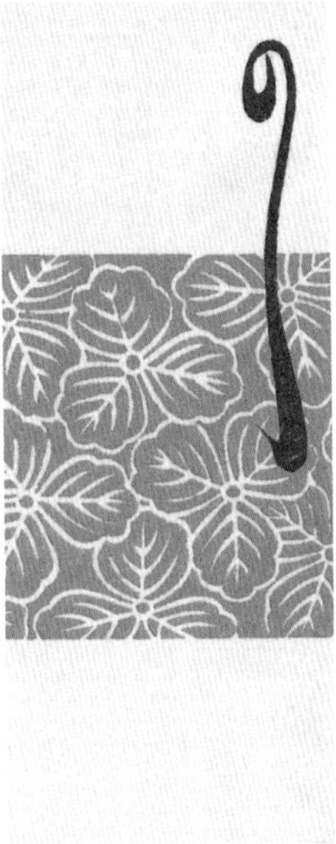

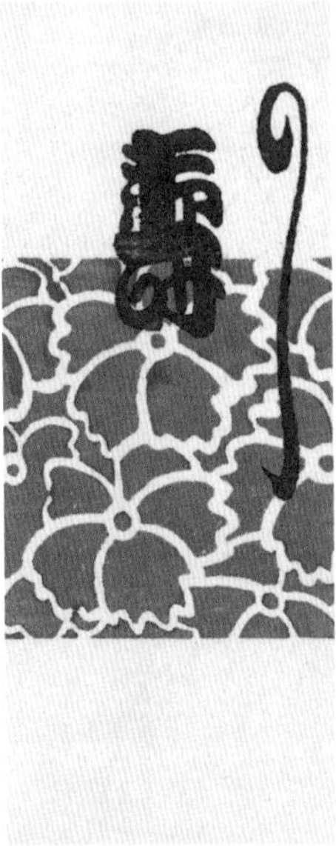

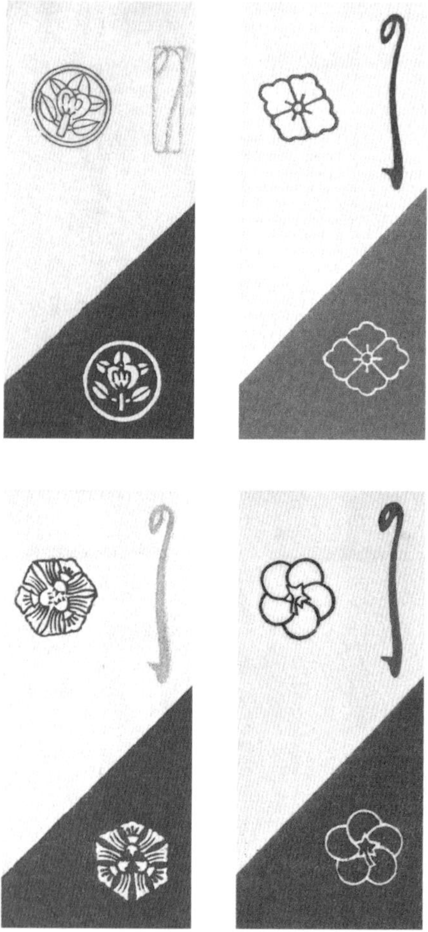

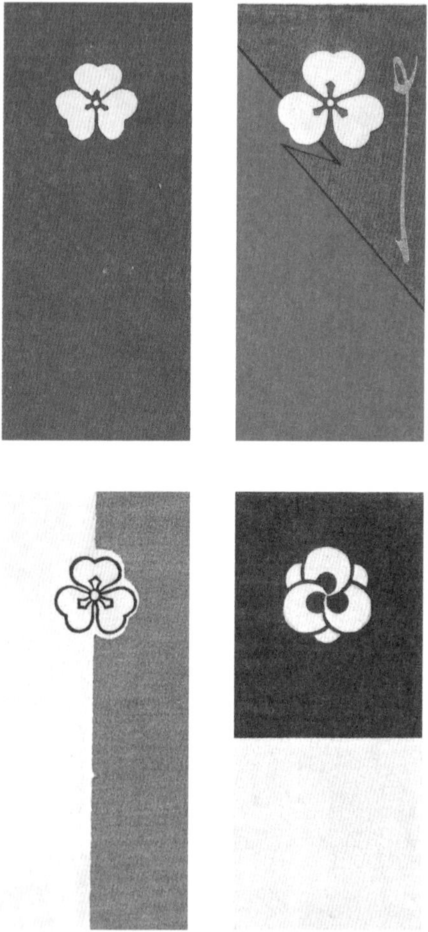

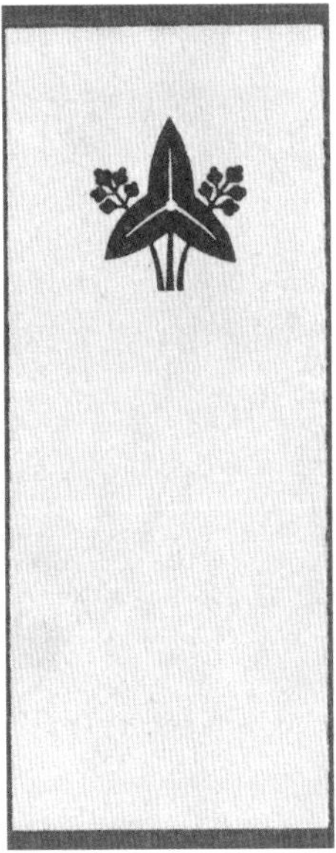

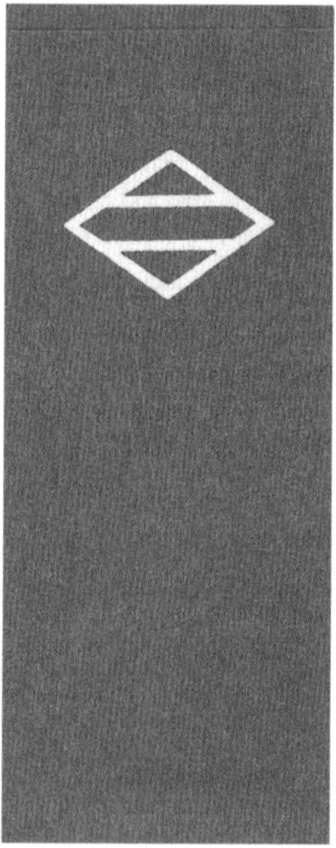

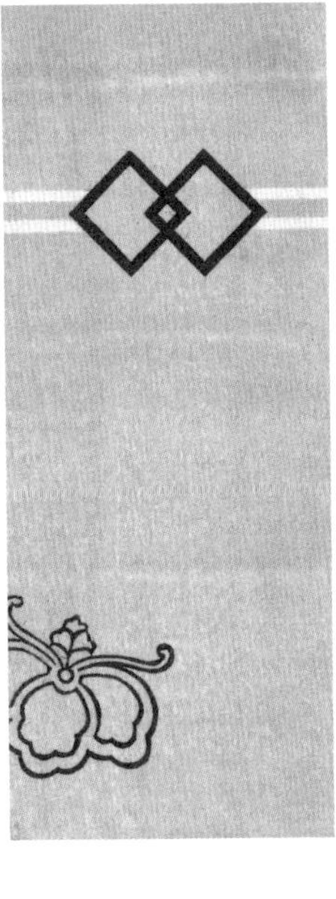

中島雨風

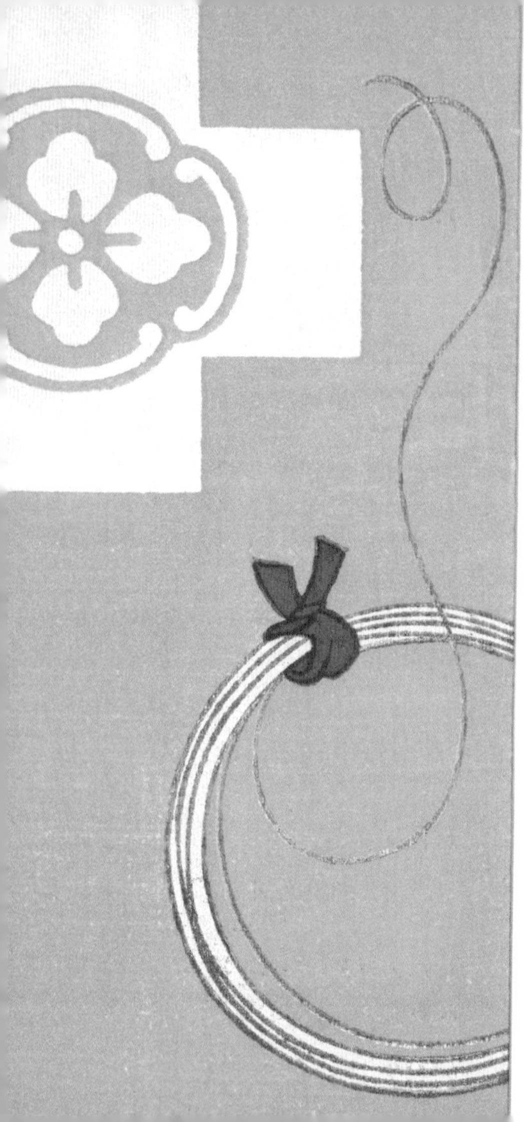

松本

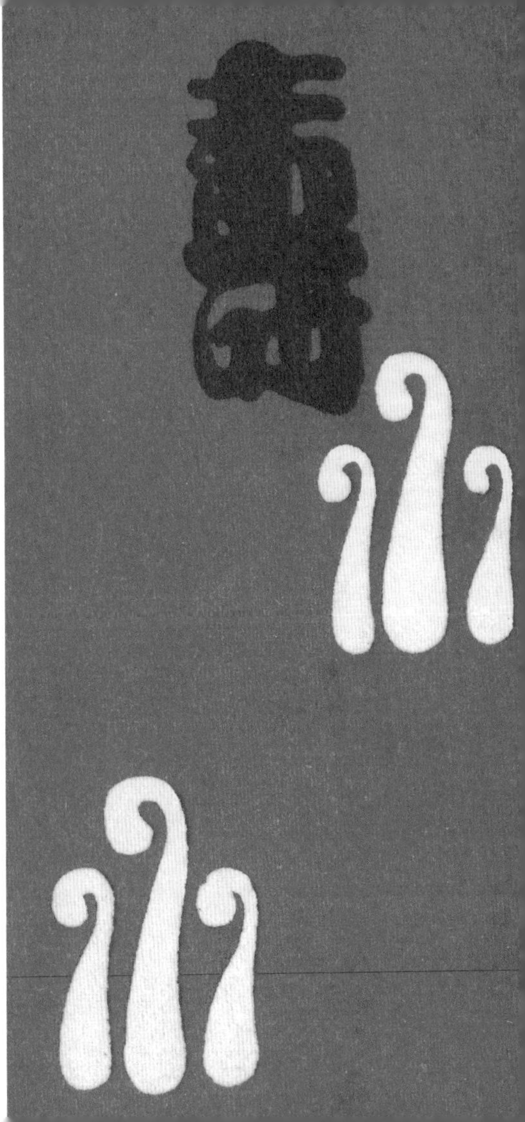

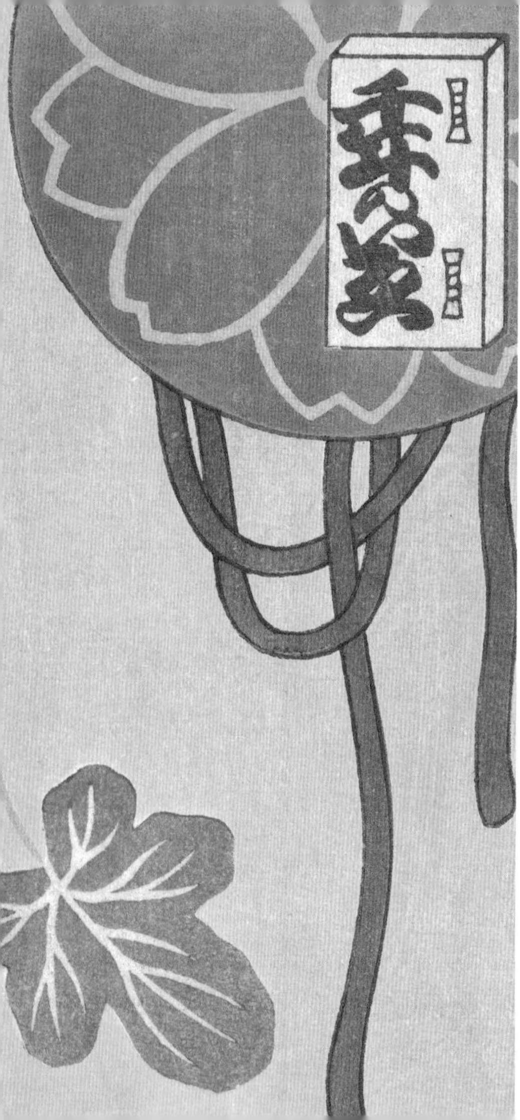

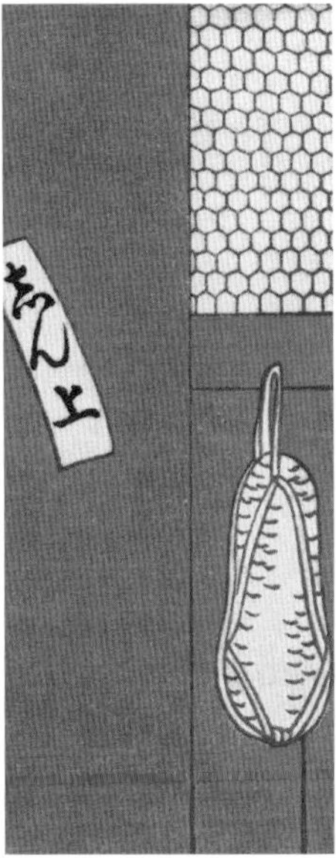
きん上

健脚庵

宮
脇

○やき
十三里

おいもてらし
おあが里
○やき
十三里

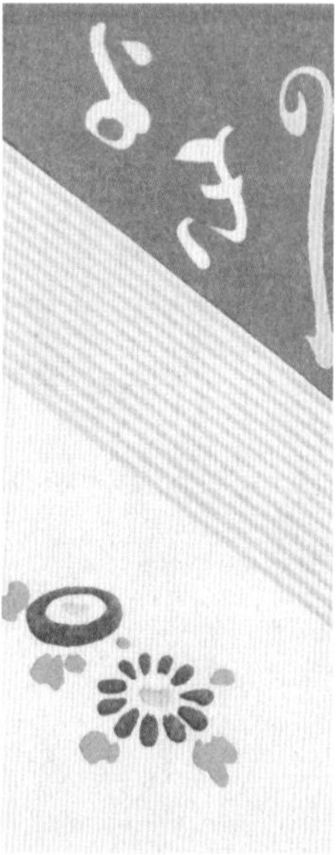

あつとほり亭

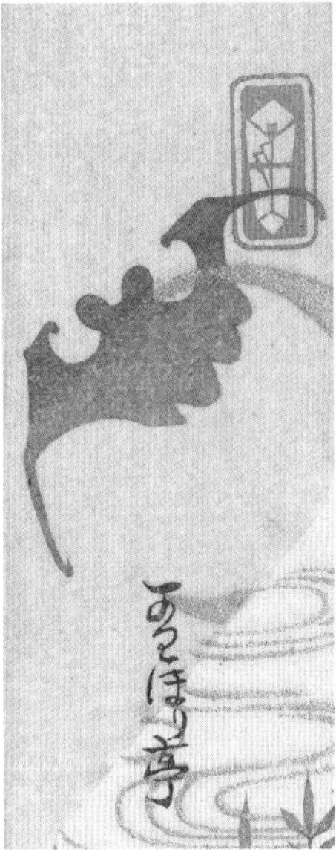
あつとほり亭

大福帳

大福帳

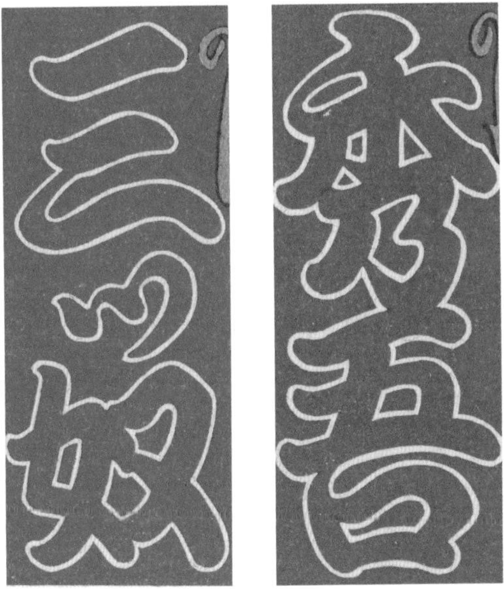

熨斗

Noshi

のし鮑《あわび》の略で、鮑の肉を薄く長く剥ぎ、引き伸ばして乾燥させた。古くは儀式にも用いた保存食のひとつだが、祝儀やめでたい折の贈り物に添えるようになった。方形の色紙をたたんで作る折熨斗を用いるが、印刷でもよい。印刷熨斗には松葉熨斗、束ね熨斗、文字熨斗などの種類がある。

寸志

Sunshi

「心ばかりの贈り物」という意。自分の贈り物をへりくだるとき、「寸志」という言葉を使う。一般的に目上に対しては用いない言葉なので、注意が必要。旅館の心付けなどで用いたりする。熨斗紙、または熨斗袋の上半分の中央に「寸志」としたためて用いる。

名入れ

Naire

ちょっとした心づけを頻繁に差し出す機会があるときには、熨斗袋やぽち袋に先に名前を入れておく。商家や役者などは、その袋がひとつの広告になる。一緒に印刷する熨斗のデザインも、竹で文字を描いたり、手拭山道の柄に法被の帯の文字熨斗を合わせたりと工夫を凝らす。

紋
Mon

家紋が大きく発展したのは鎌倉時代以降の武家社会で、一族郎党の団結の証、敵味方の識別のしるしとした旗指物の印という。農工商民は、家紋をもたなかったが、近世に経済力をつけた町人が苗字帯刀免許の士分になったり、武士であったと称したりして家紋をもつようになった。その先端が役者で、好みの衣装の模様や図柄が流行した。

寿

Kotobuki

喜びや祝いの言葉を述べて幸運を祈ることを、「言祝ぐ、寿《ことほ》ぐ」という。この言葉のとおり、「寿」のつく言葉には、めでたいものが多い。人の寿命が今よりも短かった時代、長寿はなにをおいても祝うもののひとつだった。長寿の祝いは六十歳の還暦に始まり、七十歳の古希、七十七歳の喜寿、八十歳の傘寿、八十八歳の米寿、百歳の白寿と続く。

灰落とし

Hai-otoshi

ポルトガル人の来航によって「タバコ」という言葉とともに煙草が伝えられて以降、喫煙の習慣やタバコの栽培は急速に広まった。当初、火災予防などの名目でたびたび禁煙令が出され、タバコの栽培の制限もされたが、寛永年間には広く喫煙習慣が定着し、江戸中期には煙管に火入れと灰吹きが添えられた専用の煙草盆が作られるようになった。

店先行灯

Misesaki-andon

行灯ははじめ、持ち歩くためのものだったが、江戸時代に手燭《てしょく》や提灯《ちょうちん》ができると、おもに据え置きの灯りとなった。手提げ行灯のほかに置行灯、掛行灯、釣行灯、辻行灯など、用途に応じて多くの種類ができた。店先行灯は看板や広告に使用した置行灯。掛行灯も屋台や店頭にかけて看板に用いたりした。

大福帳

Daifuku-chou

売買の金額を書き入れる元帳を、「大帳」に福運を願う「福」を加えて「大福帳」といった。商家では、おもな帳簿を毎年の年始に新調するのを年中行事のひとつとして、正月の十一日に大福帳をとじ、蔵開きを祝う慣習があった。「大福帳」の呼称を用いたのは商家だけでなく、農家でも金銭の出納帳や農事日誌を「大福帳」としていたことがわかっている。

入船帳

Irifune-chou

寛文年間に東廻海運と西廻海運が整備されると、全国的な商品の流通が可能になり、年貢米以外の各地の特産物も出回るようになった。それとともに全国の港町と廻船問屋は繁盛した。入船帳は、取引のために入港した船の船名やその船主の所在地などが記されている。商売繁盛の縁起物につけ、船旅の安全と繁盛祈願をしたものか。

祇園舞妓

だらりの帯

割れしのぶ

おこぼさん

ぽっちり

季節花

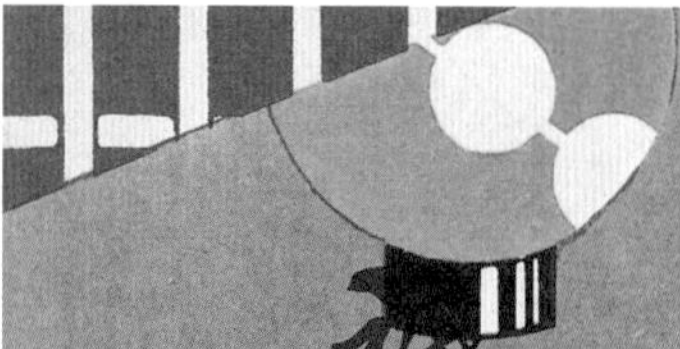

祇園情調

巻三

登録商標
京都京極
さくら井屋版

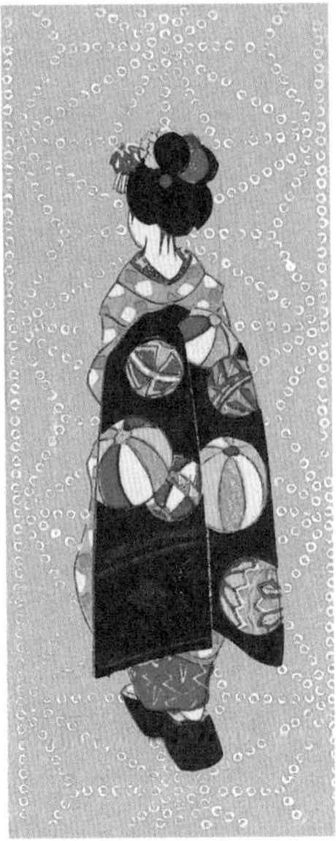

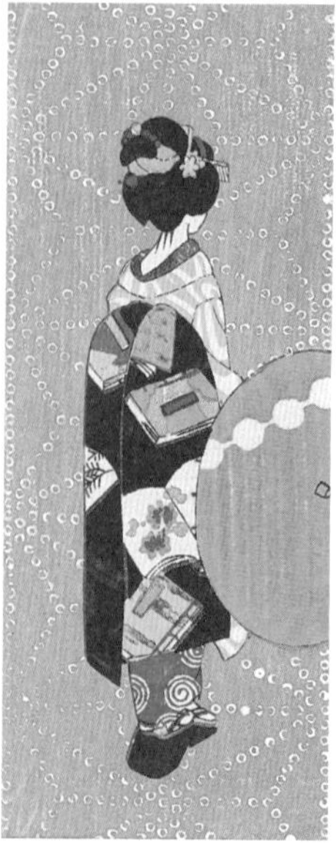

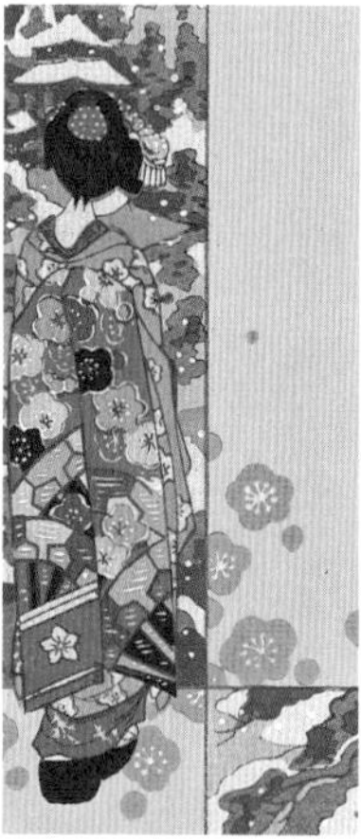

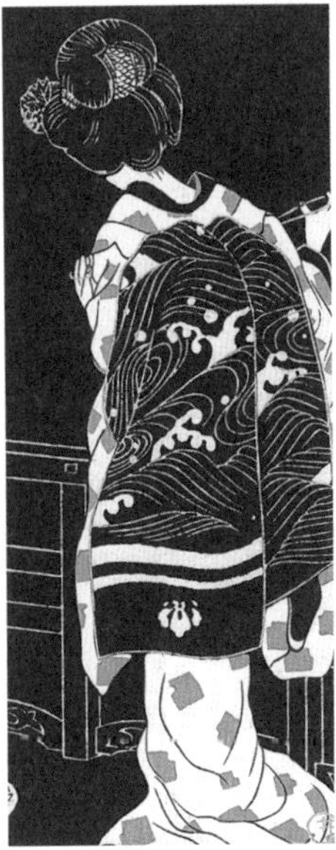

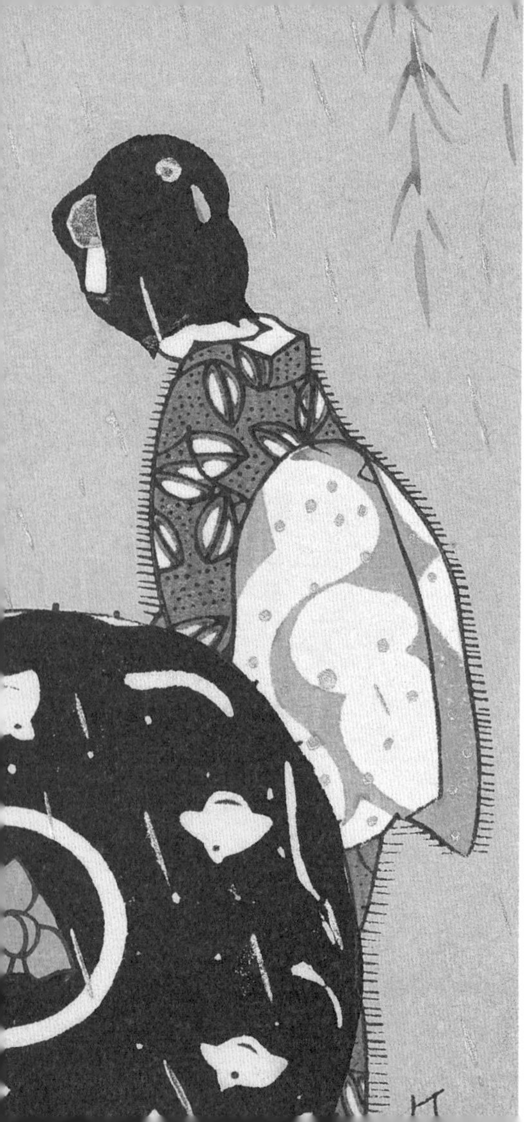

町園祓

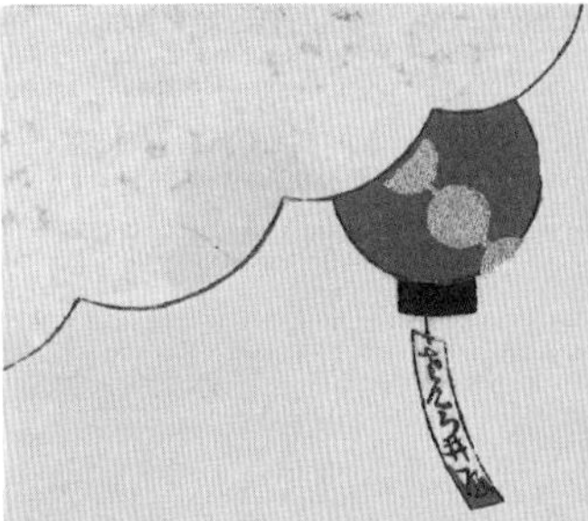

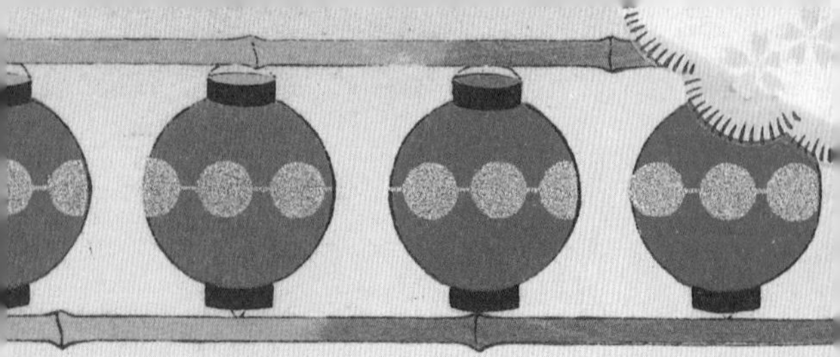

祇園舞妓

Gion-maiko

裾をひいた着物にだらりの帯、赤襟の襦袢。あでやかな衣装とたたずまいだが、芸妓《げいこ》修業の身。現在は、義務教育を終えないと見世出しの前の仕込みにもなれないが、戦前は十一～十三歳で舞妓になったという。同じ立場の少女を東京などは雛妓《おしゃく》という。雛妓は舞だけだが舞妓は地方《じかた》（鼓などの伴奏）も受けもつ。

だらりの帯

Darari-no-obi

帯は時代が下るにつれて幅広になり、結び方も増えた。帯結びは芸妓や歌舞伎役者から、流行することが多かったが、だらりは元禄年間に活躍した水木辰之助の水木結びがもとといわれる。だらりに使う帯は五メートル以上もあり、かなり重い。また締めるのに大変な力が必要なため、京都の花町には男衆《おとこし》という着付けの男性がいる。

割れしのぶ

Wareshinobu

見世出し《デビュー》が決まり、お姉さん芸妓と固めの盃を交わし、正式な舞妓となって初めて結う髷《まげ》で、鹿の子の手絡《てがら》や花簪《はなかんざし》など特殊な髪飾りが多用される華やかで愛らしい髪型。出たての舞妓は割れしのぶを結って紅も下唇だけ。びんつけ油をうまく使えず化粧も初々しく、すぐにわかる。少したつと、髪型も「おふく」に変わり、紅も上下にさす。

おこぼさん

Okobo-san

桐の台の底をくり抜いて空洞にし、中に鈴をつける。足を乗せる部分には畳表、赤い鼻緒をつけると、見世出ししたばかりの舞妓が履くおこぼ（下駄）の出来上がりである。高さ十二センチにもなる駒下駄は、関東では「ぽっくり」ともいい、江戸時代の後期、傾城町の禿《かむろ》が必ず用いた。見世出しから少したつと、赤い鼻緒は桃色になる。

ぽっちり

Pocchri

舞妓が帯の飾りにつける帯留めを「ぽっちり」という。帯締めを通して使うブローチのような細工物の装飾品を帯留めというが、舞妓の帯締めは振袖のそれよりもさらに太く、ぽっちりも大きなもので十五センチにもなる。宝石をあしらったり、金細工をほどこしたりした華麗な一点ものが多く、年代物などは値段がつけられないほどだという。

季節花
Kisetsu-bana

一月は松竹梅、二月が梅、三月菜の花……。月ごとの季節を映す舞妓の花簪のモチーフを季節花という。簪《かんざし》だけでなく、着物などの意匠も合わせることがある。花簪は薄い布地を染め上げた絹で作られる。花びらを一枚一枚手作りで仕上げる。中には祇園祭のように数週間しか使えないモチーフもあるので十二種類以上の季節花がある。

謡曲

小唄

長唄

美人画

俗謡

川柳

結び文

喜多川歌麿

浮世絵

郷土人形

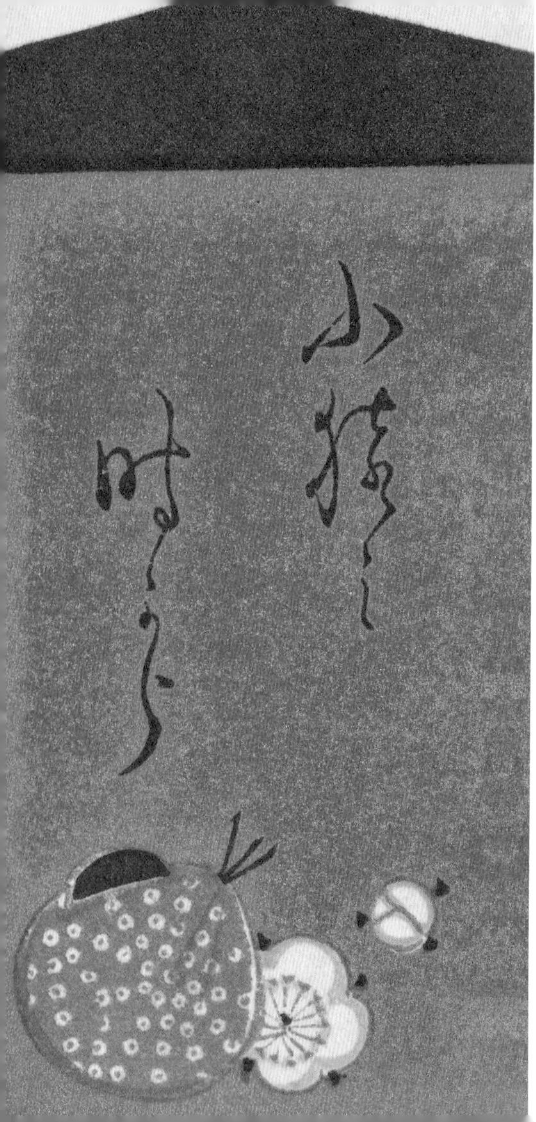

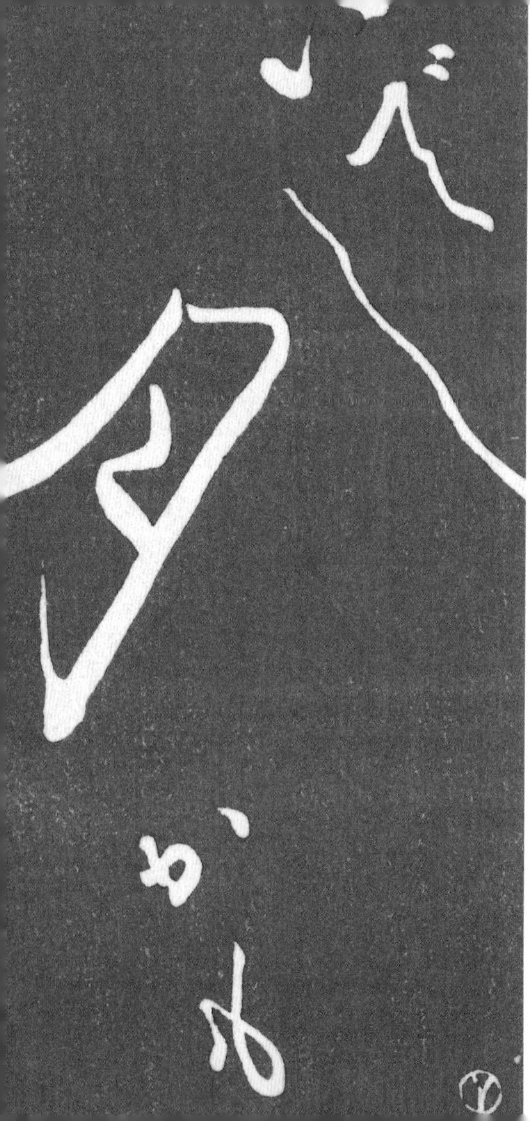
母

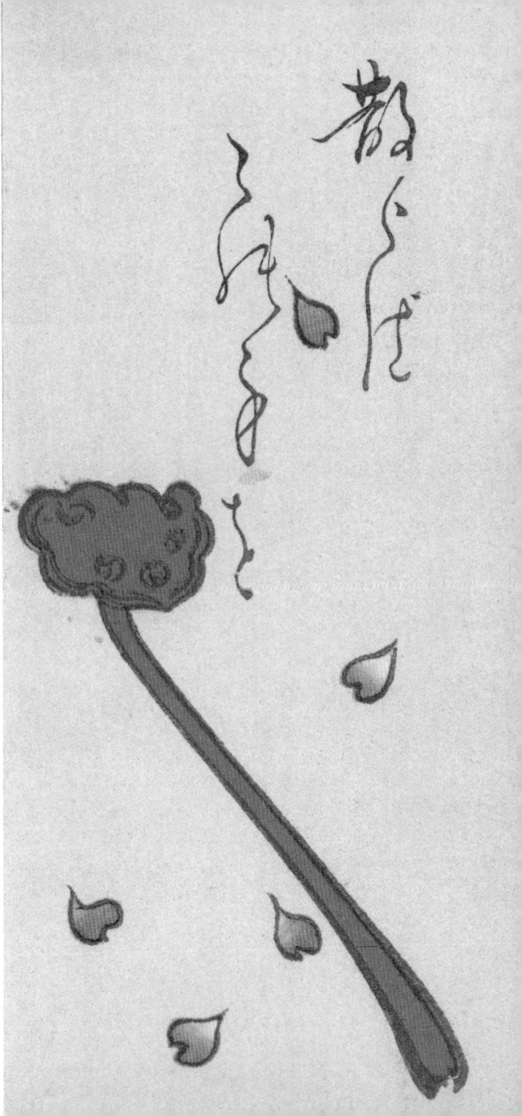

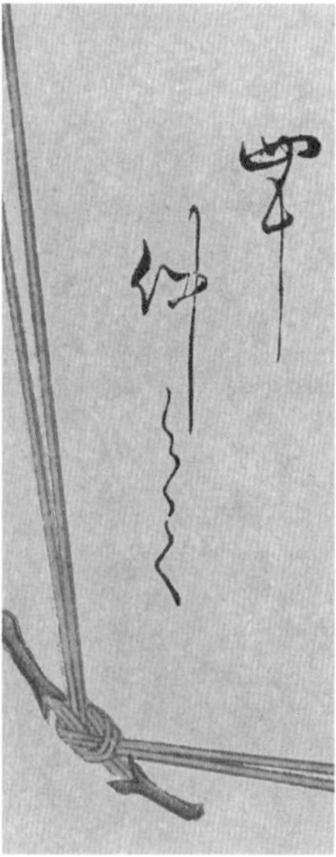

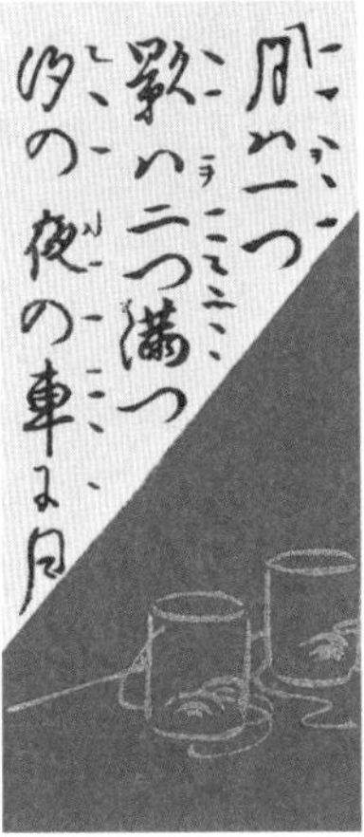
月は一つ
影ハ二つ満つ
汐の夜の車に月

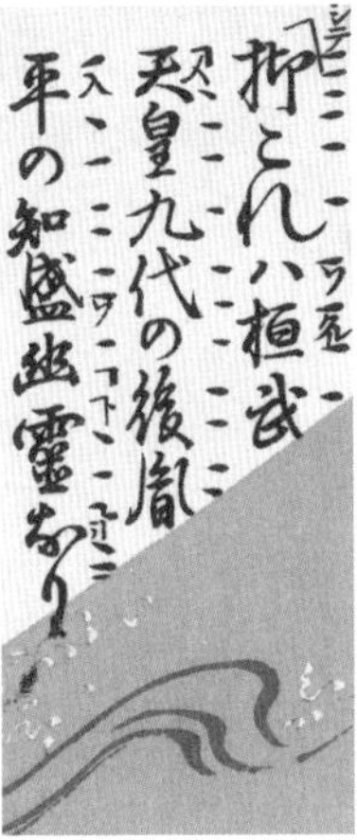
抑これハ桓武
天皇九代の後胤
平の知盛幽霊なり

在原の跡な
隔てそ
杜若

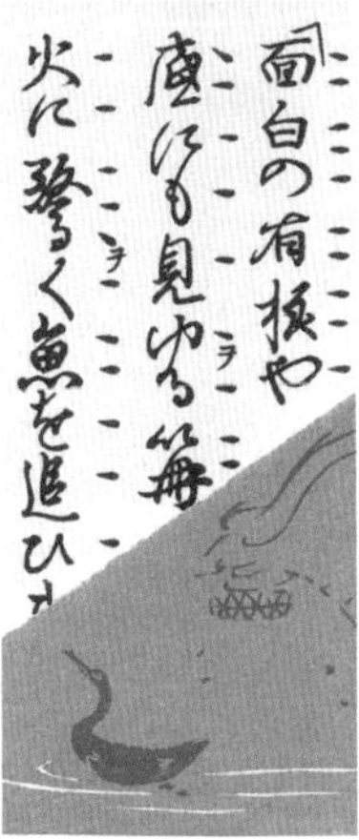
面白の有様や
底にも見ゆる篝
火に驚く魚を追ひ

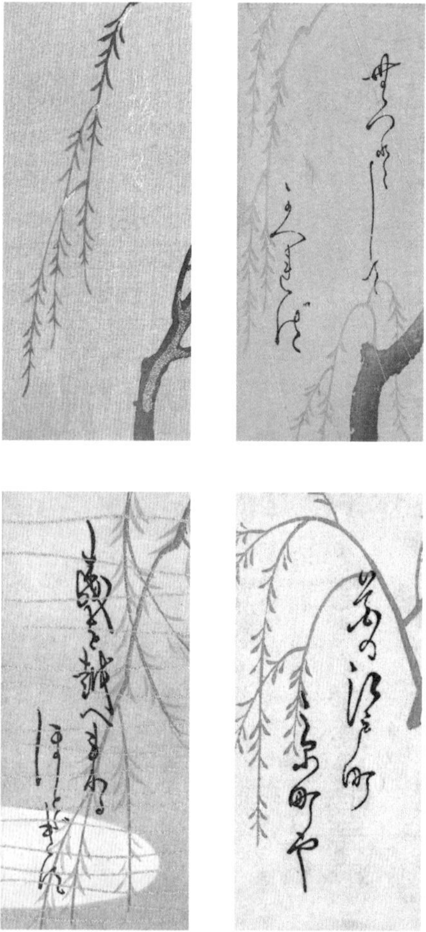

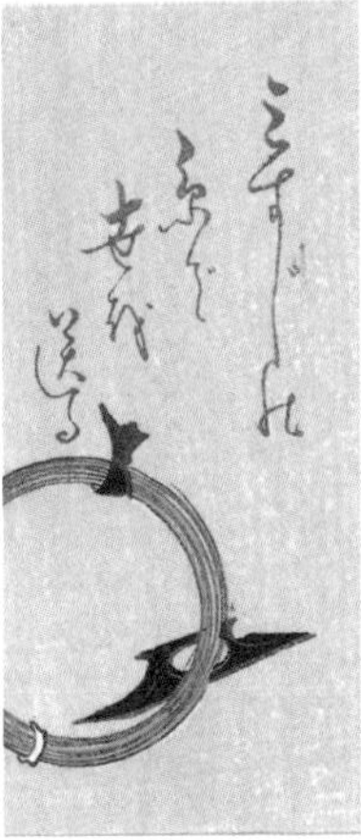

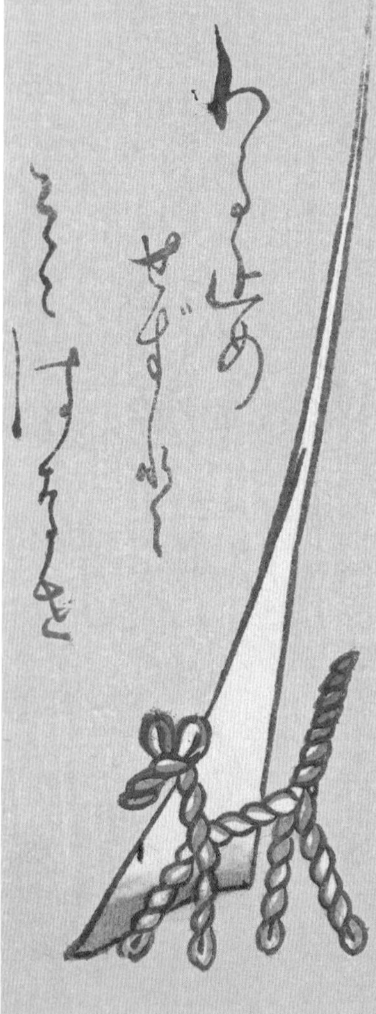

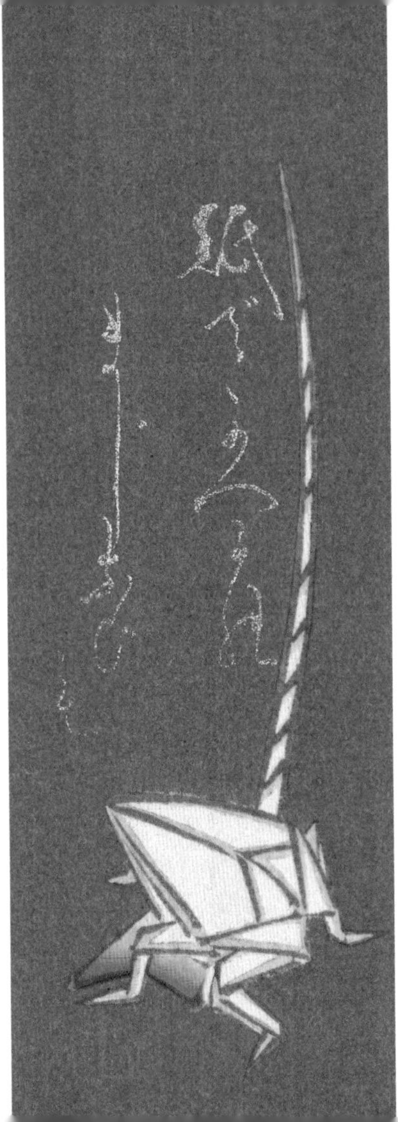

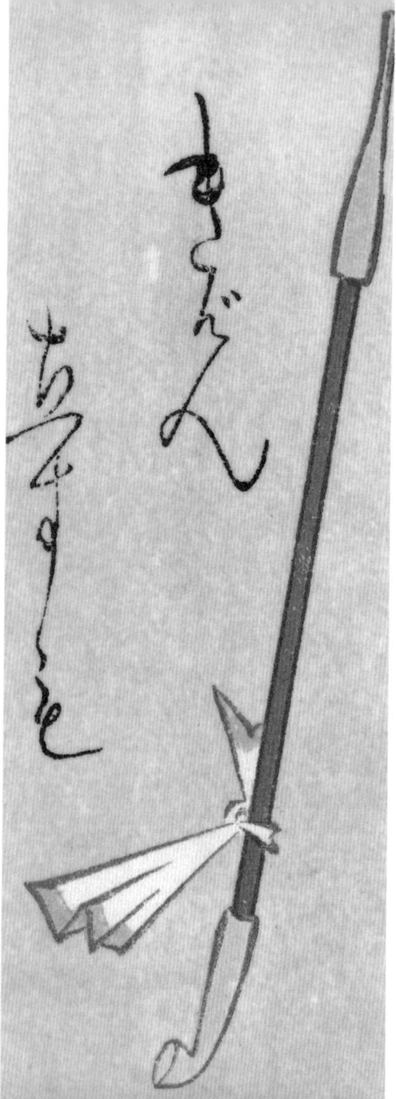
むざん

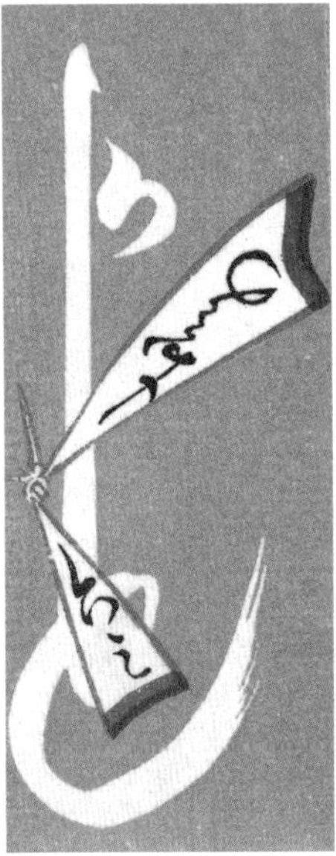

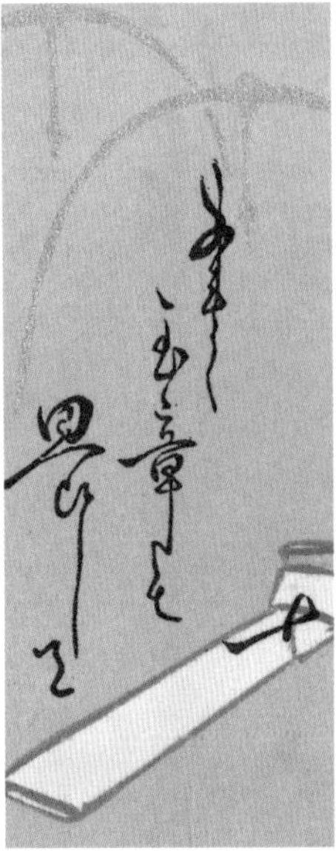

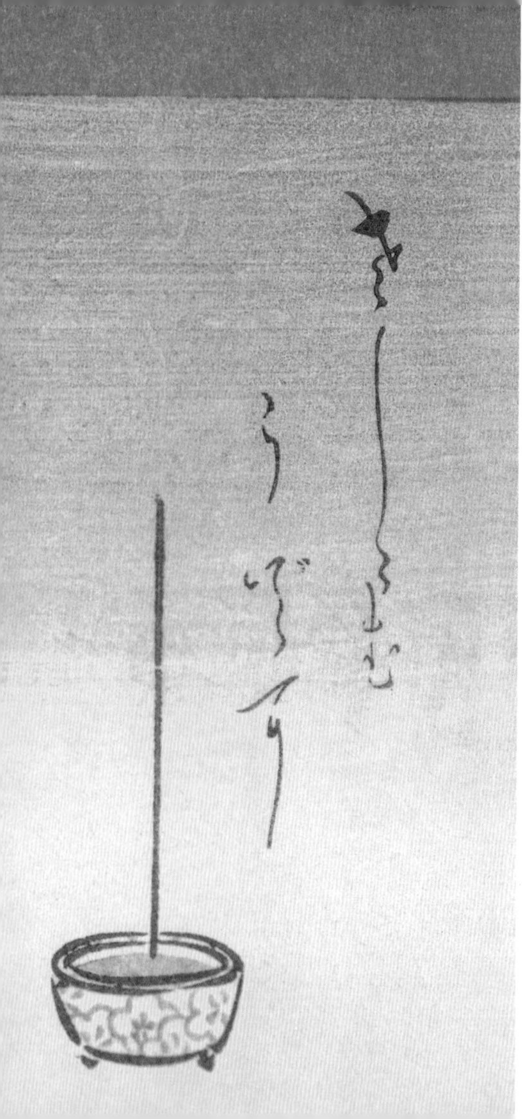

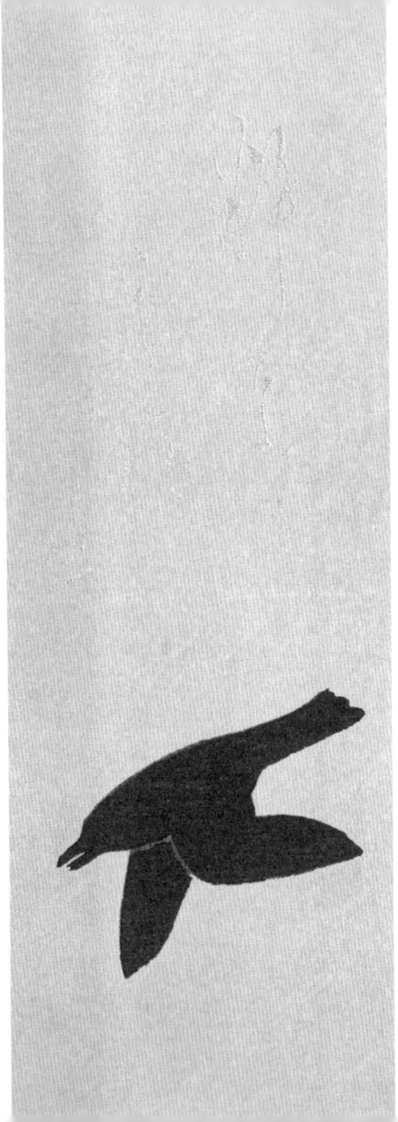

き柳の糸の
よれまよれたる瘦

いづれ似たりや似たり杜
若花菖蒲

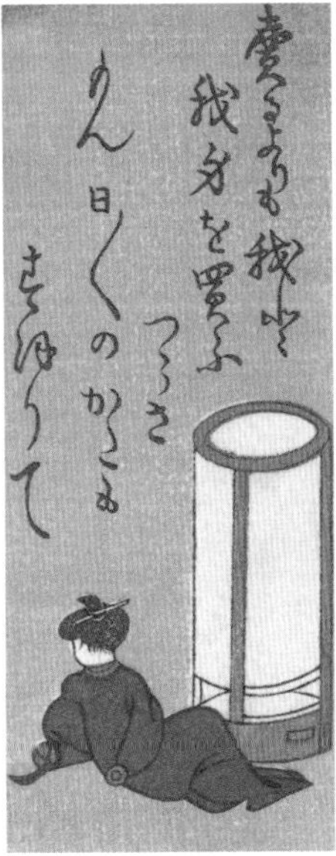

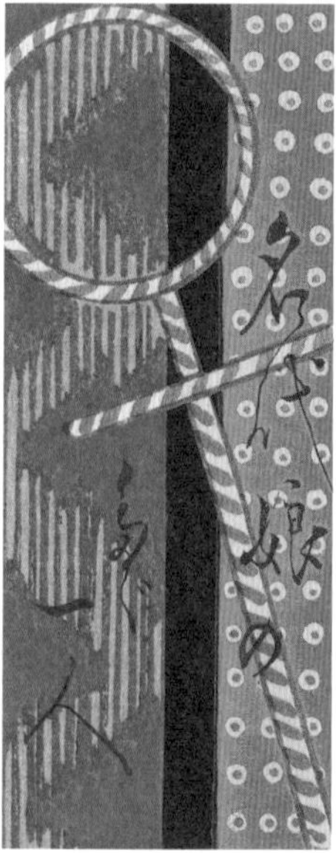

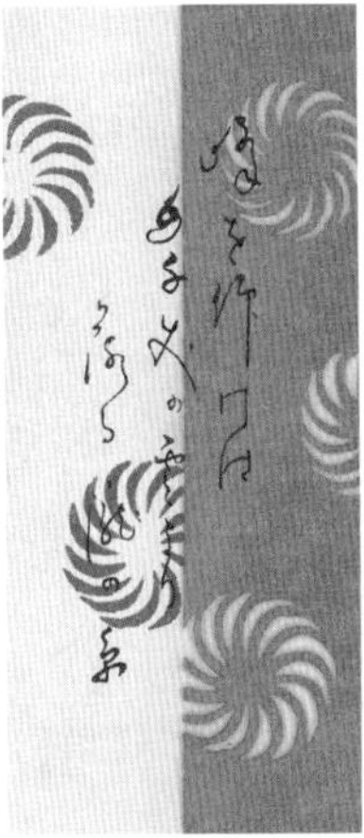

わたしゃ蒲谷の
名山育ち
茶のある
木は
まだしらぬ

土佐は
よいとこ
南をうけて
さつま嵐が
そよそよと
高知人形

こゝは播州
舞子の浜よ
向ふにみゆるが
淡路島

宇治は茶所
茶は縁所
娘やりたや
婿ほしや
上林

伊勢は
津でもつ
津は伊勢で
もつ
尾張名古屋は
城でもつ

哥麿筆

哥麿筆

哥麿筆

歌麿筆

歌麿筆

男土
女火

男金
女火

男水
女火

謡曲

Youkyoku

能の詞章だけを謡う芸事で、シテ・ワキなどの分担を行わず、詞章全体を一人で謡う。謡曲の詞章を記し、その傍らに節づけのための譜を付けた本を謡本というが、十六世紀頃になると謡が公家や武家、富商などの素人の間に流行し謡の稽古用のテキストとして謡本がしきりに書写されるようになった。公家の日記にも謡本貸借の記事がみえる。

小唄
Kouta

江戸時代も末の一八五五（安政二）年、四世清元延寿太夫の妻になったお葉がつくった「散るは浮き」が最初の小唄という。速度から早間《はやま》小唄ともいった。河竹黙阿弥作の清元浄瑠璃に端唄を挟んだ作品が多くなり、それを清元が洗練させたものが小唄へと発展したもの。粋《いき》な曲風で、三味線も撥《ばち》を使わず爪弾くのが本格。

長唄
Nagauta

江戸歌舞伎芝居の伴奏曲として享保頃までに確立し、文政頃には芝居を離れた鑑賞を主とするお座敷長唄も生まれた。二挺一枚（三味線方二名と唄方一名）が演奏の最小単位だが、数十挺数十枚での演奏もできる。鳴物《なりもの》（太鼓、大鼓、小鼓、笛）が加わることもあり、さらに舞台裏でほかのさまざまな効果楽器を加えることもある。

美人画

Bijin-ga

浮世絵の主要なテーマのひとつ。初めは遊女や芸者を描くが、次第に町娘など身近な人々へ主題の幅を広げた。初期には菱川師宣の肉筆の「見返り美人」があるが、錦絵の技法誕生以降は、見立て絵を得意とした鈴木春信、八頭身の鳥居清長、実在の遊女や町娘などを独特の大首絵に描いた喜多川歌麿などが出た。

俗謡

Zokuyou

民間でうたわれる小唄や端唄、民謡、流行歌などを総じて俗謡という。端唄は江戸時代の後期から幕末にかけて江戸で流行した三味線を伴奏に歌う短い歌で、うた沢と小唄のもとになった。うた沢というのは、旗本の隠居が始祖になる。武士が芸事の格名乗りを得るあたり、泰平ぶりというものか。ペリーによる黒船来航の四年後のことである。

川柳

Senryuu

現代までの歴史を含めた内容的な呼び方は「(柄井)川柳風狂句(戯れまたは滑稽の句)」とするのが適切らしい。川柳の骨頂は「風刺」と「穿ち(滑稽)」というが、寛政と享保の二度の改革を経て川柳は駄洒落句となってしまった。明治時代の復古活動により、創始といわれる柄井川柳が選をした『柳多留』の、客観的でやわらかな、余韻のある風刺を取り戻した。

結び文

Musubi-bumi

結び文はずっと以前から手紙のかたちのひとつとして用いられてきた。文を結ぶものもメッセージのひとつとして重要で、『源氏物語』では恋文を適当な草花に結んでいるのを、「大切な文をそんなつまらない草に…」と諫められている。京都の貴船神社では、結び文に願い事を書いて結社《ゆいのやしろ》の結び処に結ぶと願いがかなうという。

喜多川歌麿

Utamaro Kitagawa

（？～一八〇六）。江戸時代中、後期の浮世絵師。初め狩野派の絵師、鳥山石燕に学び、版元の蔦屋重三郎のバックアップのもと、狂歌本の挿絵を手掛ける。寛政前期に美人大首絵を描き、一躍浮世絵美人画の第一人者となる。歌麿は一瞬の表情や姿態を描くことでその女性の内面をとらえようとし、その姿勢は、式亭三馬により「女絵を新たに工夫する」と評された。

浮世絵

Ukiyo-e

「浮世」という言葉は現世、当世などを示すもので、浮世絵は近世の庶民風俗を庶民の目線から描くことで発展した。初期は遊里や芝居町などの風俗に取材するが、次第に市井の風俗も描くようになる。特に明和初（一七六四）年に鈴木春信らによって多色摺版画（錦絵）が創始され、美麗な木版画ができるようになると、出版量も増え、江戸の主要なメディアとして隆盛を極めた。

郷土人形

Kyodo-ningyo

郷土人形には、身近な土や紙を使った素朴な土人形や張り子がよく見られる。御所人形などとは違い、町人が自分たちの階層のために作ったためだろう。本書では、高知の坊さんかんざしといわれるよさこい人形や、茶の産地、宇治の、茶の木を彫って茶摘みの女性を作り出した、上林清泉の宇治人形が、地域の俗謡とともに描かれている。

富士山

東海道五十三次

諸国名物

京都

伏見稲荷大社

大文字

乗りもの

雀踊り

槍持ち奴

大礒

箱根

三嶋

沼津

原

吉原

蒲原

由井

興津

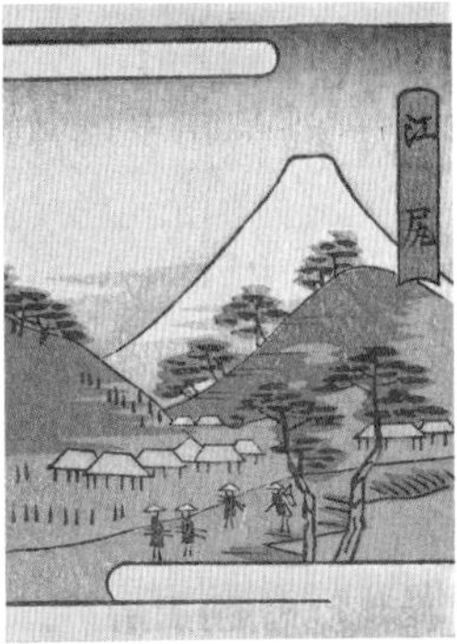
江尻

府中

岡部

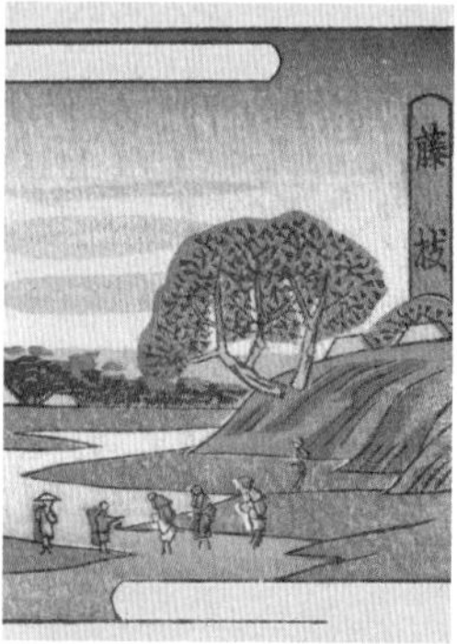
藤枝
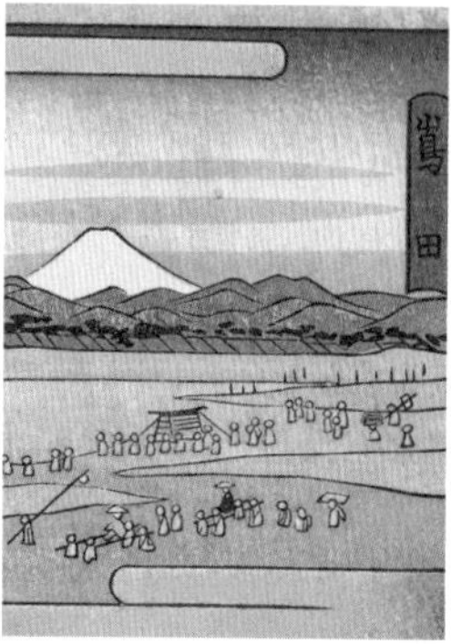
嶌田
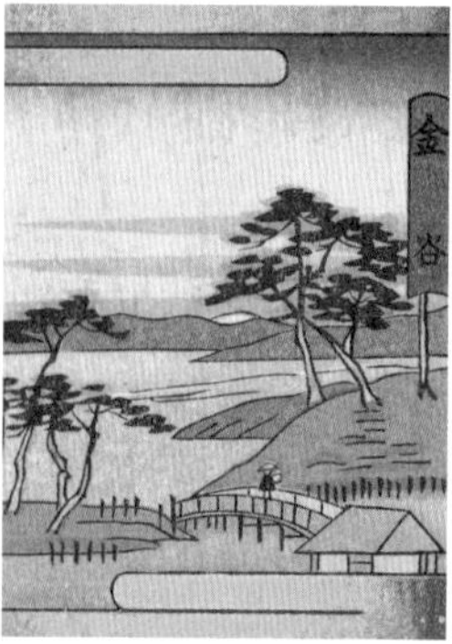
金谷
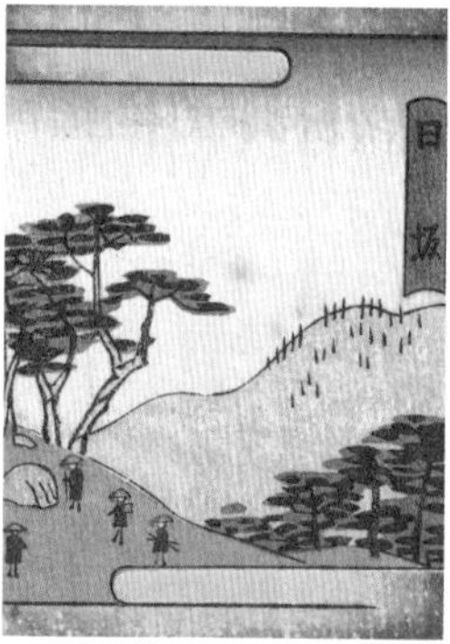
日坂

掛川

袋井

見付

舞坂

おうね

ちまる
だんご

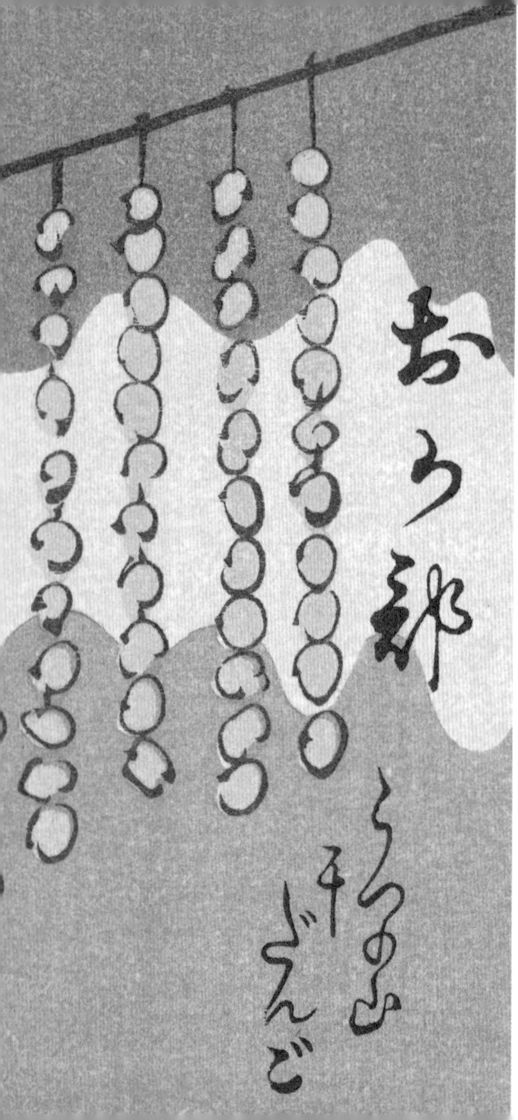

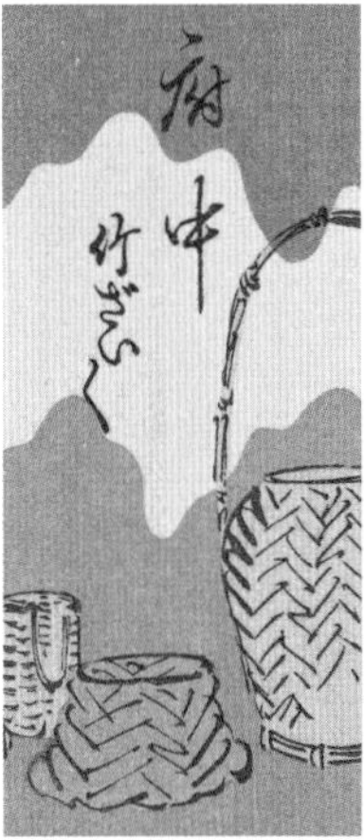
府中
竹ざいく

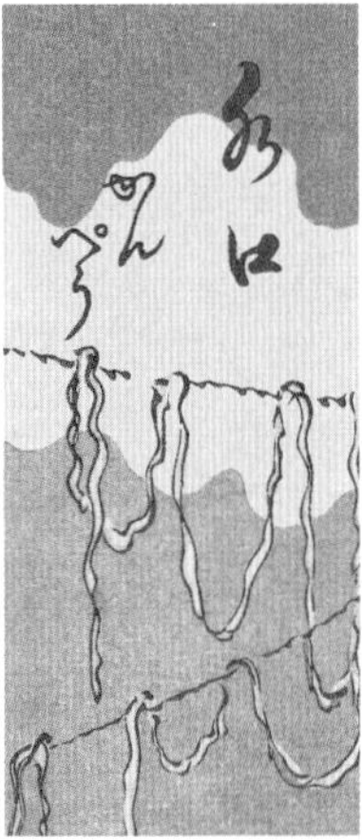
矢口
めんぺう

江じ里
小吉田のすし

おきつ
おきつ鯛

伊勢
あはびのし
河さき万金丹

由井
くら沢
壷やき

志まぐ
あ田のでんぶく

坂乃下
河田のおこし

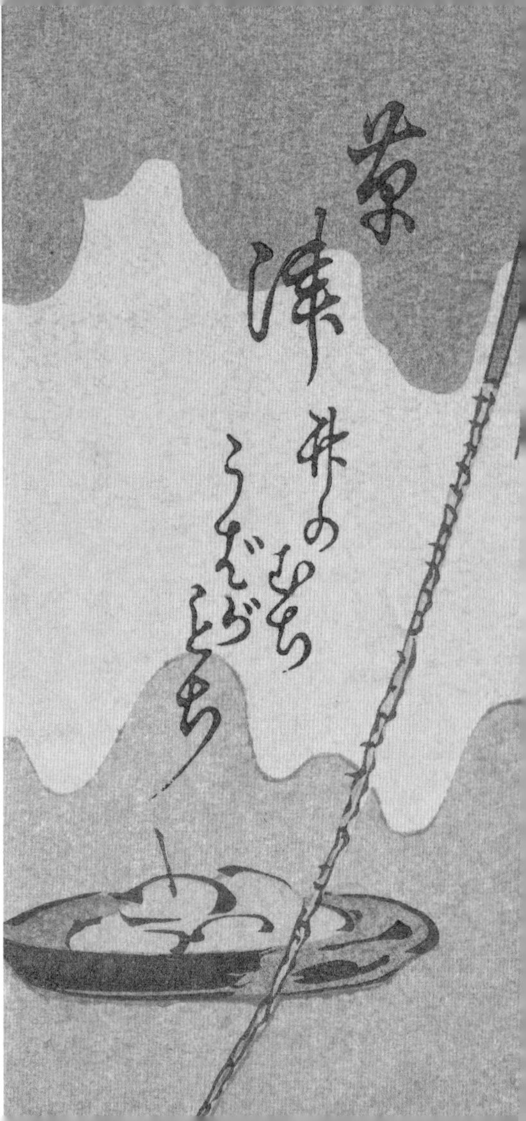
草津
姥のもち
うばがもち

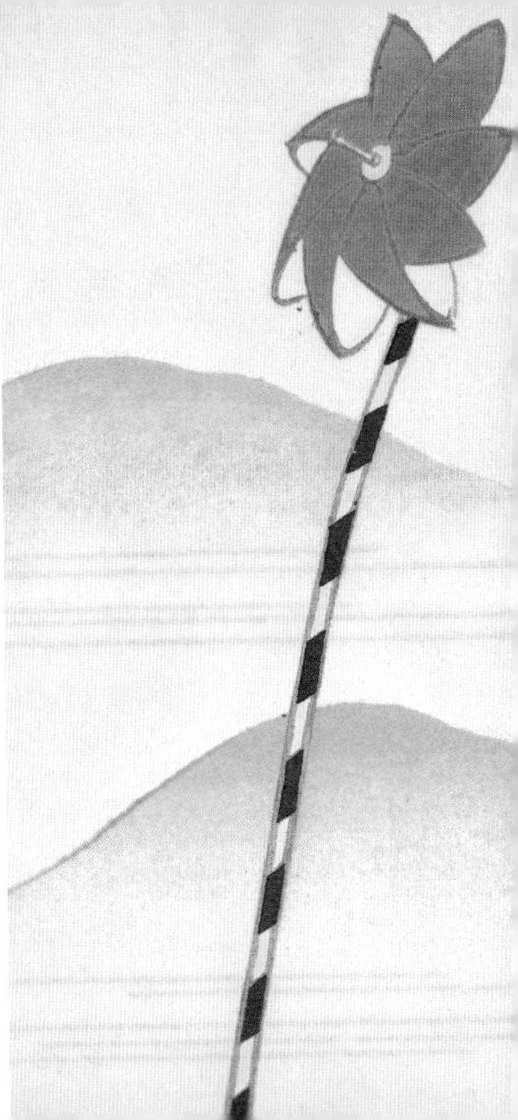

山川白酒

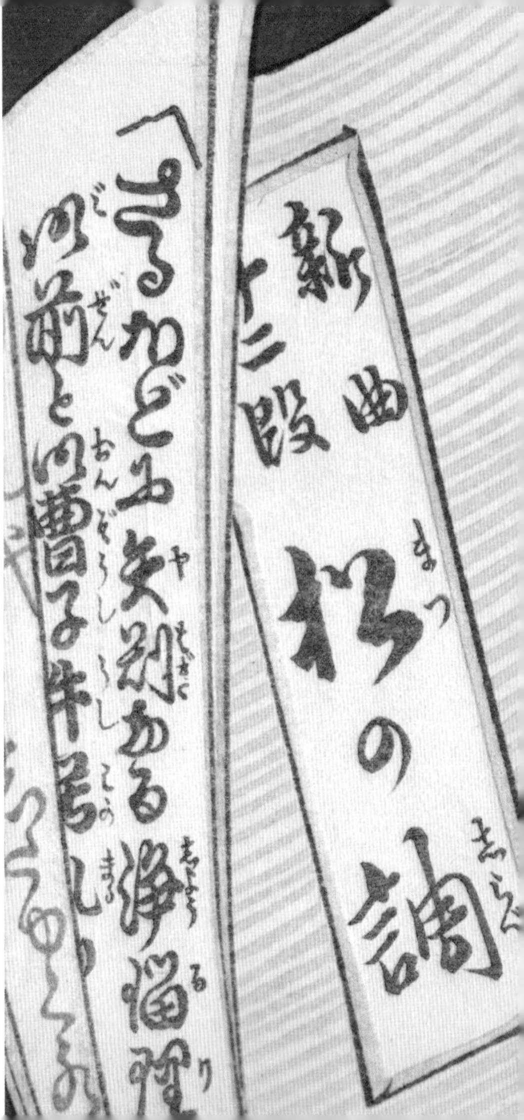
新曲 十二段
松《まつ》の調《しらべ》
〽さるほどに矢《や》矧《はぎ》なる浄《じやう》瑠《る》璃《り》
御《ご》前《ぜん》と御曹子《おんぞうし》牛若丸《うしわかまる》

大

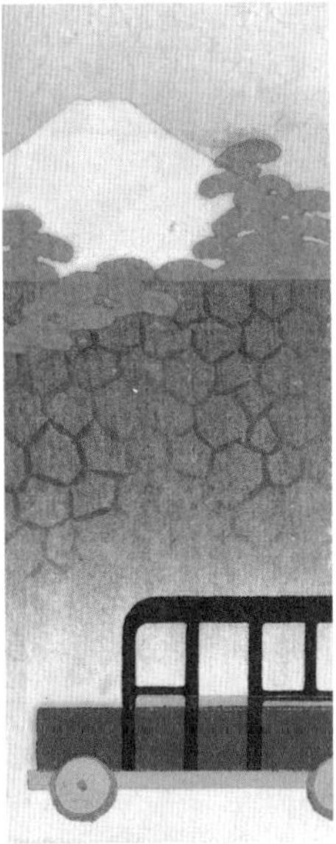

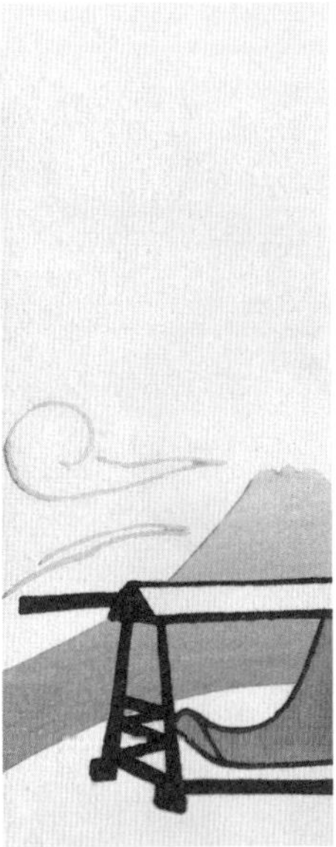

富士山

Fujisan

富士山を遥拝した場所とされる千居《せんご》遺跡は縄文時代中期のものとされ、さほど昔から富士は霊山として崇められたということか。江戸時代、江戸を中心に富士講ができると山開きの陰暦六月一日、白装束に身を固めた講員集団が鈴を振り金剛杖をつきながら登拝し、幕府が取り締まるほど盛んになった。葛飾北斎の「冨嶽三十六景」も有名。

東海道

Toukaidou

江戸時代の庶民の旅は、社寺の参詣がもっとも多かった。江戸から伊勢参りへ行く場合、東海道を西へ向かい、秋葉山、津島に詣でたのちに伊勢神宮、吉野、高野山、奈良、さらには金毘羅、大坂、京、帰りは中山道で善光寺というコースも多かったという。広重の「東海道五十三次（保永堂版）」によって名所絵の一ジャンルとして定着した。

諸国名物

Shokoku-meibutsu

道中記、細見記、案内記などと呼ばれる旅のガイドブックには、宿賃や距離、馬の駄賃などのほか、名所・旧跡、名物や名産品も載っている。社寺参詣の旅は、信仰の表れであることはもちろんのこと、見聞を広げ、知識と経験を増やすことも大きな目的のひとつだった。名物・名産は、その土地の地味や産業に深くかかわっている。

京都

Kyoto

江戸時代、江戸と京、大坂は「三都」といわれ、柳亭種彦はそれぞれ「京の着倒れ・大坂の喰い倒れ・江戸の呑み倒れ」と表した。京は蒔絵や陶磁器、西陣織などの工芸品の産地でもあり、京都人は倹約上手だったともいう。歌舞伎役者の二代目市川団十郎は、京の名物として水、水菜、女、染め物、みすや針、寺、豆腐、黒檀、松茸をあげている。

伏見稲荷大社

Fushimi-inari-taisha

奥社奉拝所へ向かう二本の道の千本鳥居が有名だが、もとは一基の鳥居の奉納から始まったという。同じ道に次々と鳥居が奉納され、明治時代の終わりにはほぼ現在のようになっていた。伏見稲荷は全国の稲荷神社の総本社で、五座の祭神のうち主祭神の宇迦之御魂大神が七一一（和銅四）年二月の初午の日に稲荷山三ヶ峯に鎮座したと伝えられる。

大文字

Daimonji

京都の如意ヶ岳の大文字山で焚かれる盂蘭盆会《うらぼんえ》の精霊送りのかがり火だが、北山の左大文字、左京区松ヶ崎付近の妙法、北区西賀茂の船形、右京区上嵯峨の鳥居形を含めて、「五山送り火」という。京の人々はこれらを鴨川辺りで眺め、火の燃えている間にそばを一杯食べると厄除けになるといって争って食べたという。

乗りもの

Norimono

江戸時代の主な乗り物は馬や駕籠。駕籠は種類が多く、引き戸のある畳敷きの駕籠は「乗り物」といって公卿や大名などが用いるとして区別された。町人の寺社詣でなどの駕籠は「宿駕籠」といい、竹棒に屋根と籠をつけた粗末なものだった。明治時代に入り、人力車の登場で駕籠は徐々に消える。自動車の本格的な輸入は、明治の末である。

雀踊り

Suzume-odori

江戸時代、祭礼の練物《ねりもの》として踊られたものが、のちに五月に行われる歌舞伎芝居の曽我祭の大踊としてかかせなくなったらしい。「雀百まで踊り忘れぬ」のことわざの見立てで、竹に雀の模様の着物を尻はしょりした奴姿に編笠をかぶり、雀を思わせる振りで大勢で踊った。葛飾北斎が『北斎漫画』でこの雀踊りを描いている。

槍持ち奴

Yarimochi-yakko

江戸時代の大名の参勤行列のハイライトは、撥鬢《ばちびん》、鎌髭《かまひげ》姿の槍持ち奴だった。毛鑓《けやり》を振ったり、二列に並んで投げあったりもした。奴の所作はのちに舞踊化され、風流踊りや歌舞伎の踊りに取り入れられた。奴というのは日常の雑用をしたり槍や挟み箱などを持って行列の供先を勤めたりした奉公人のことである。

御所人形

相撲

かるた

花札

将棋

源氏香

諸国羽子板

仕掛絵

団子

姉様人形

纏

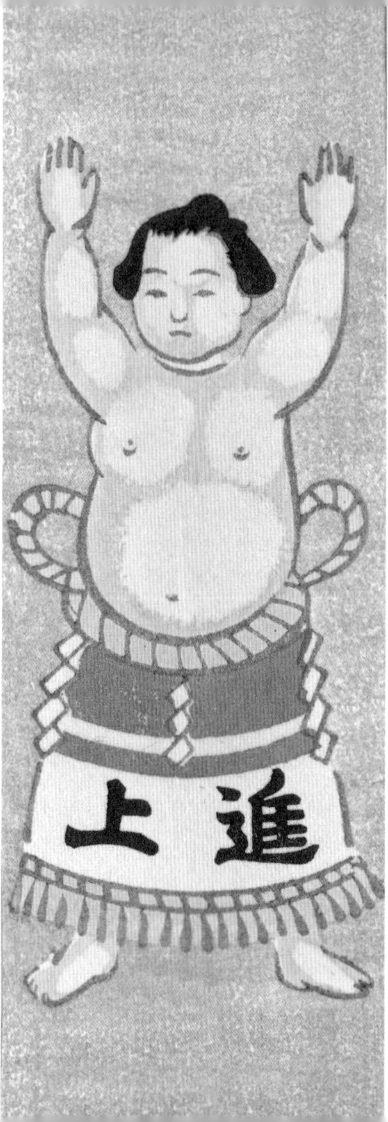
上進

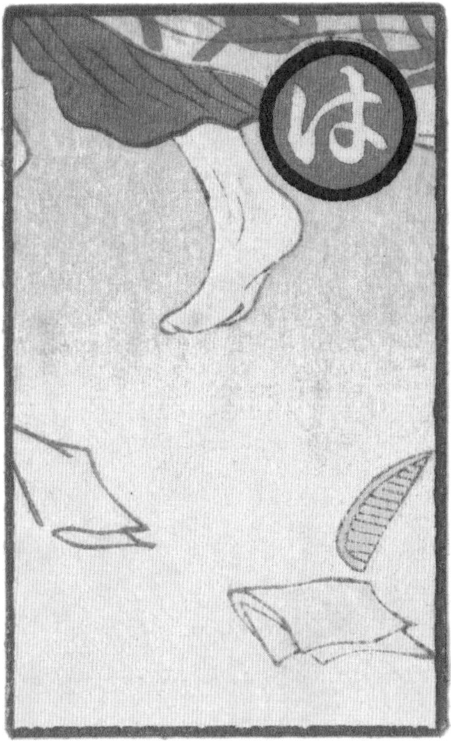
は

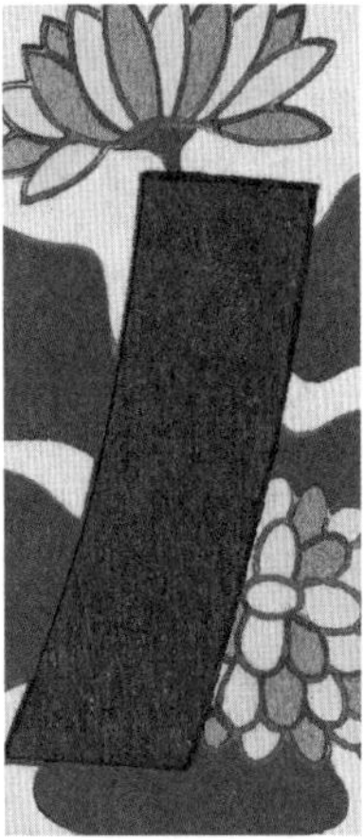

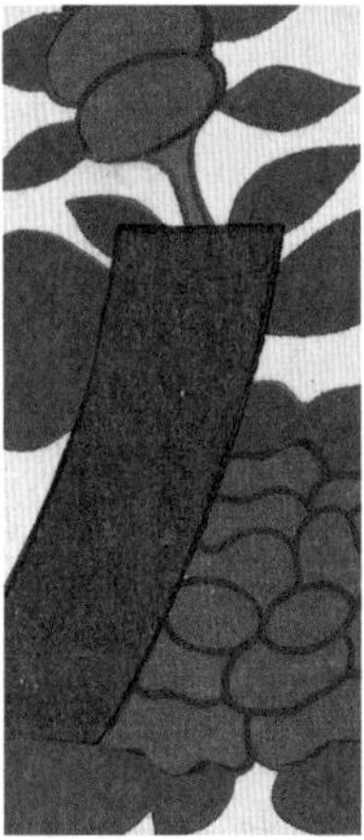

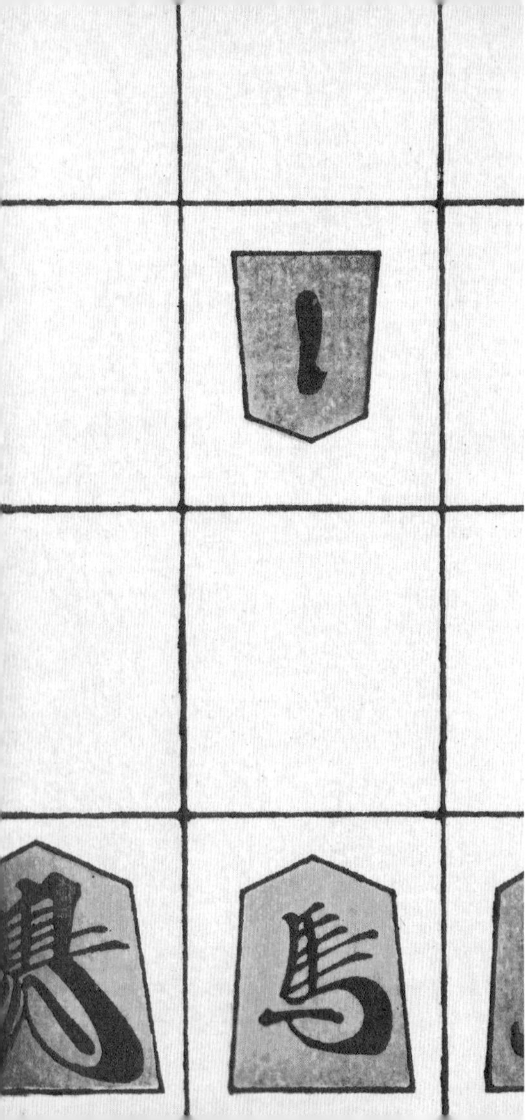
馬

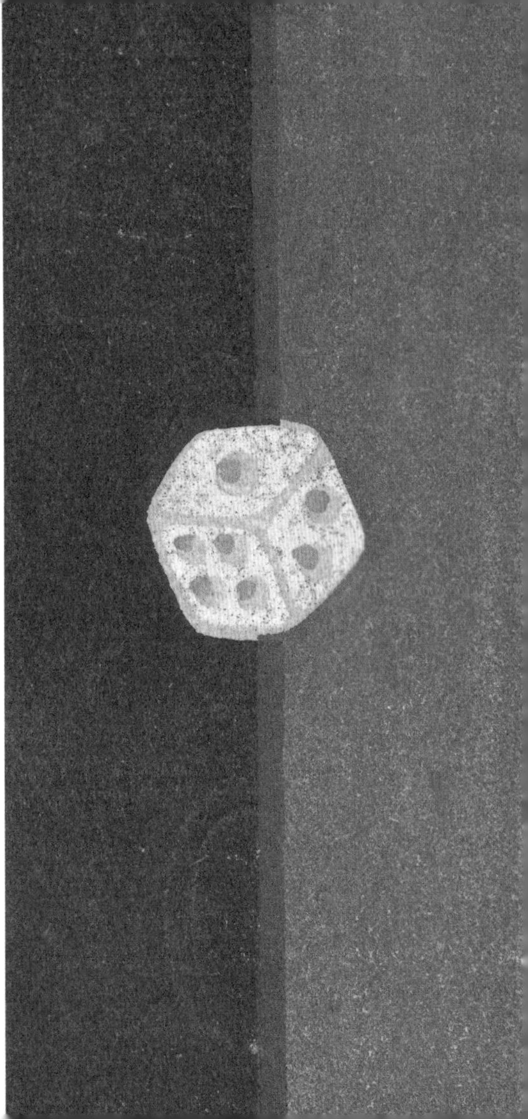

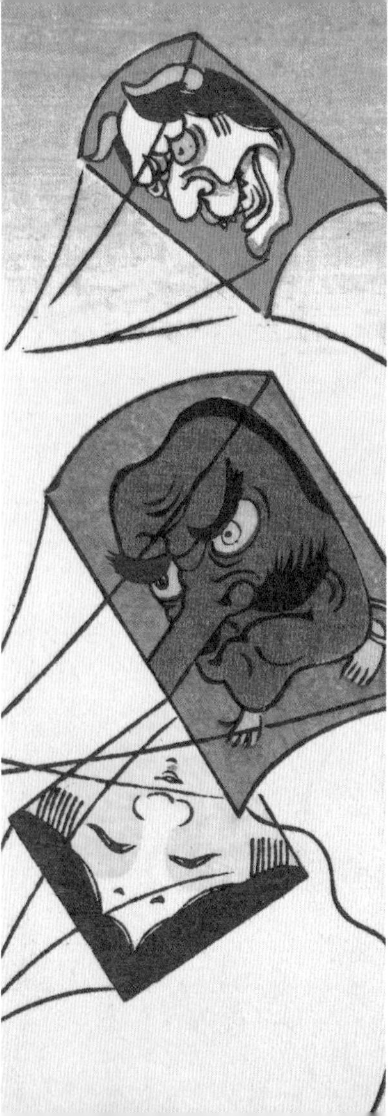

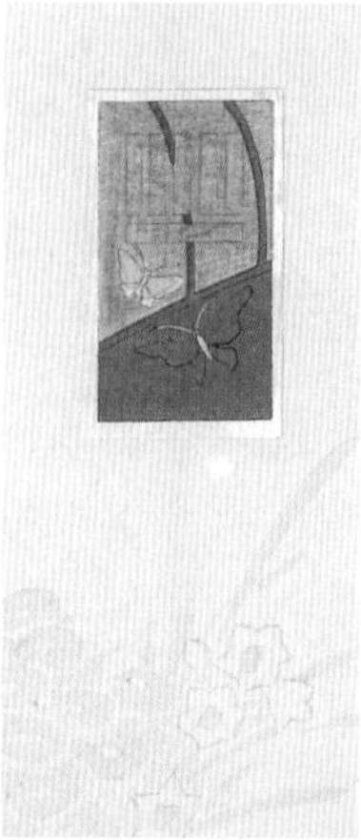

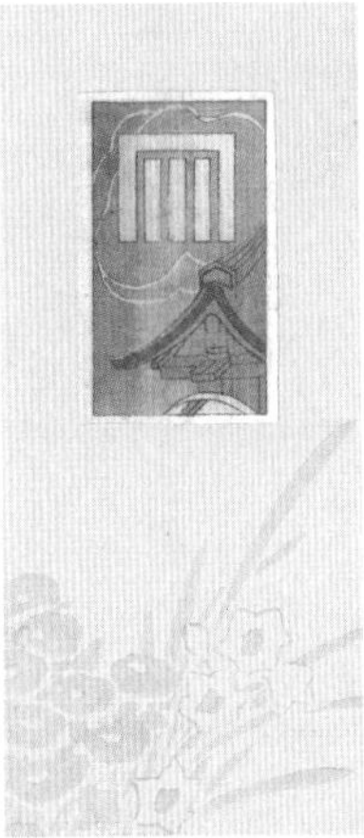

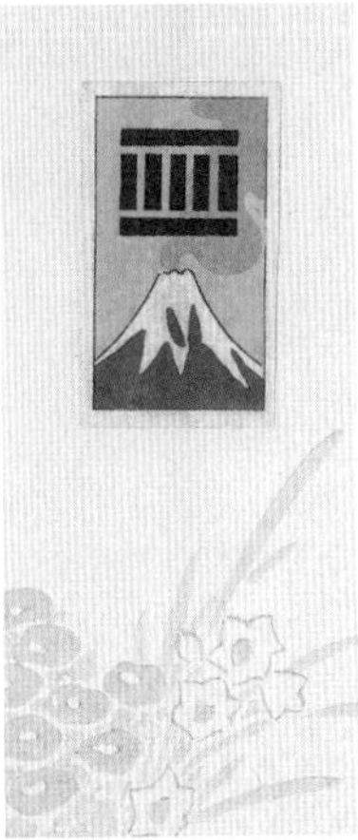

羽子板

古製信濃の
羽子板

宝暦比の
左義長
羽子板

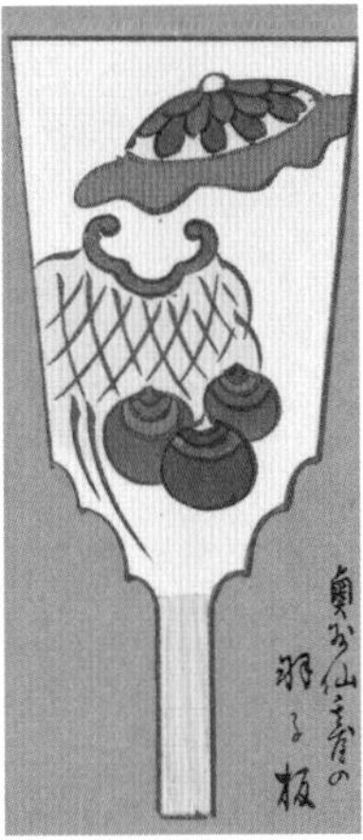
奥州仙臺の
羽子板

出羽久保田の
羽子板

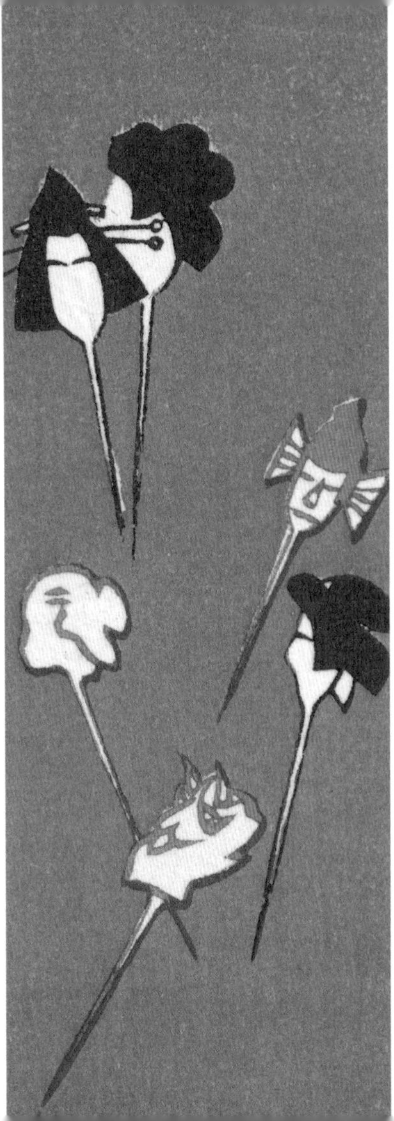

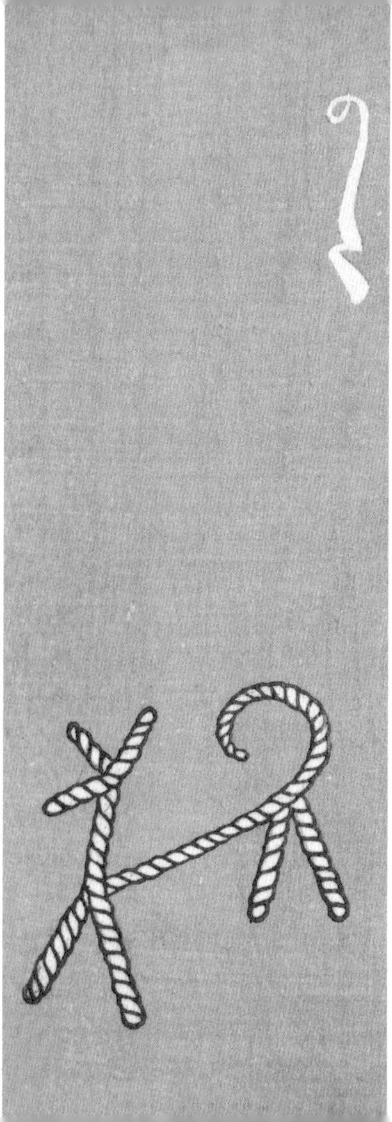

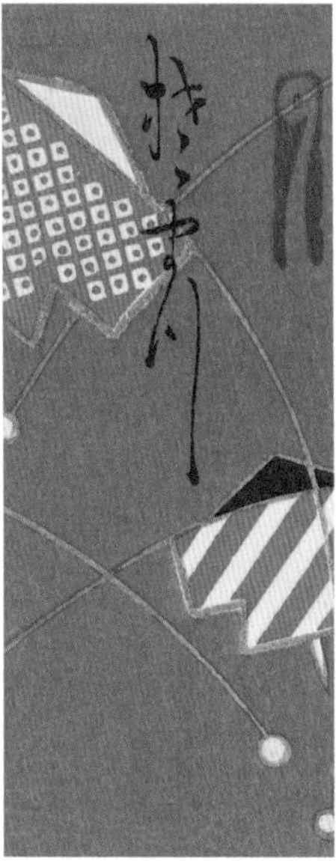

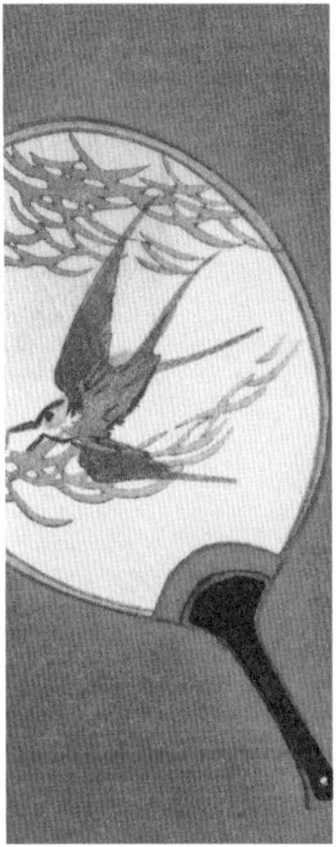

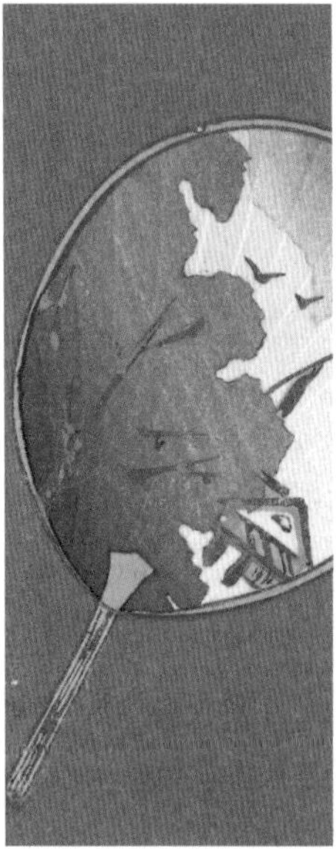

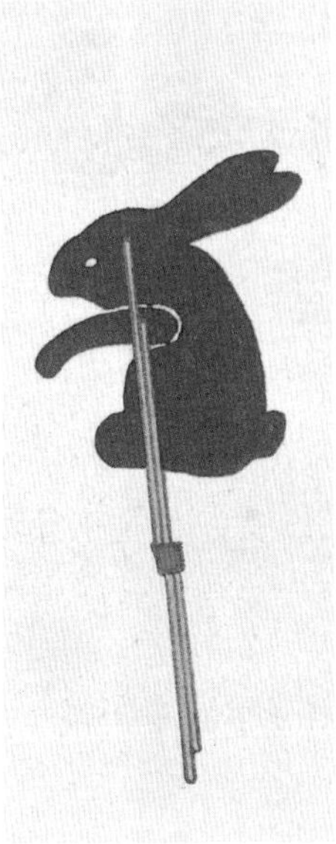

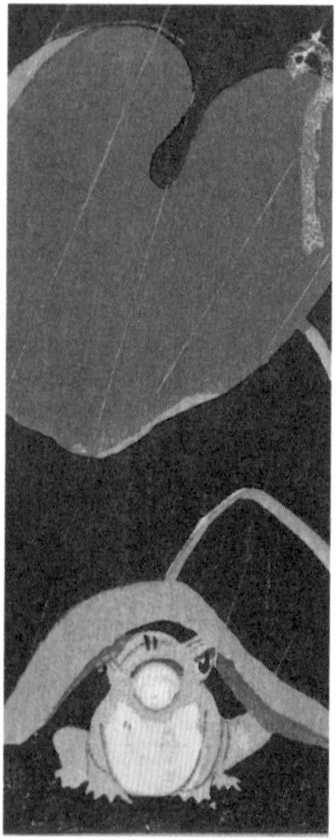

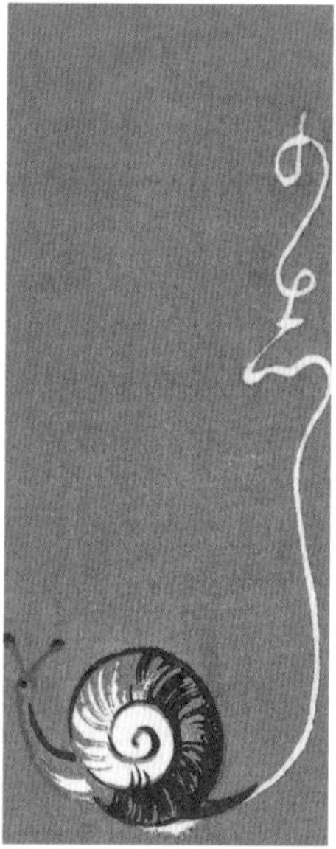

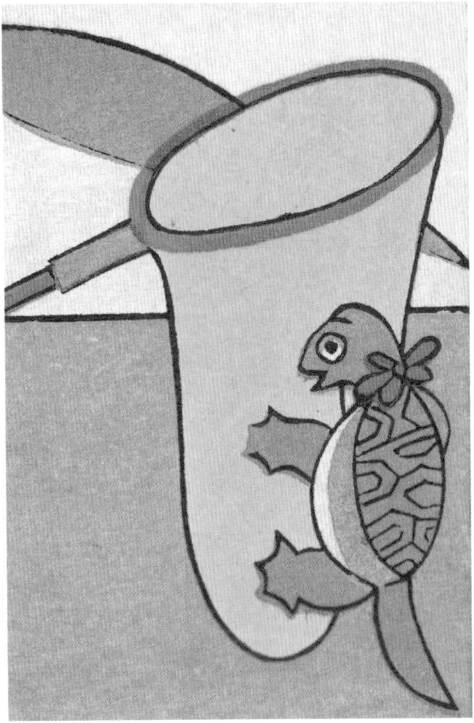

花より

雜賀

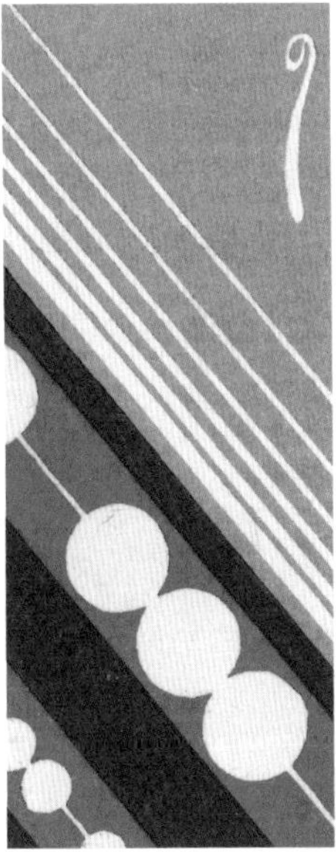

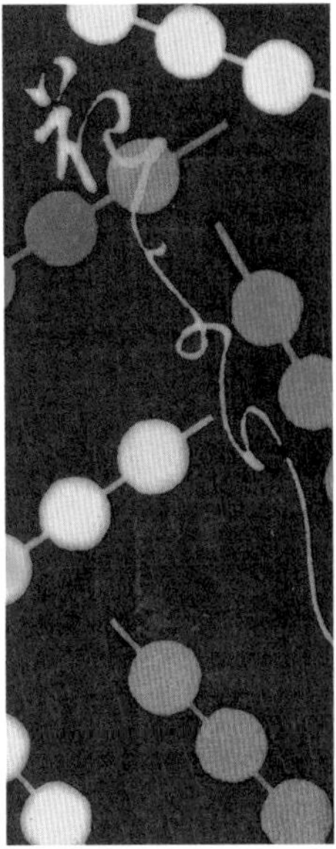

し

河庄
火の用心

八
は組

組

四
し組

組

万組

し組

に組

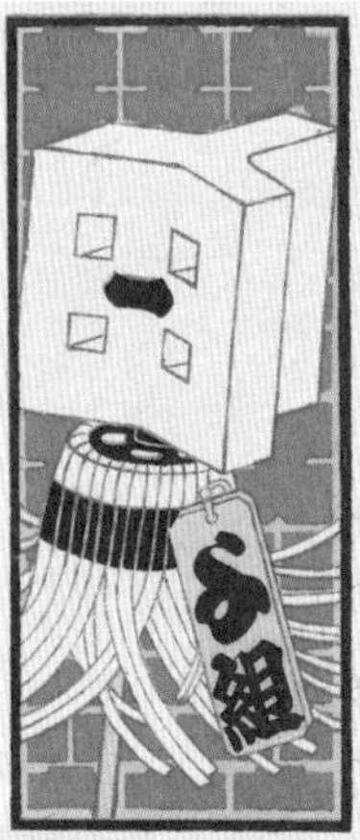

御所人形

Gosho-ningyo

白磨きの肌に大きな頭と横ぶとりの丸々とした裸体の幼童。表面に胡粉《ごふん》を入念に重ねて塗り、布で磨き上げる。江戸時代の享保年間に、皇室や公卿が大名への返礼品に用いたのが名の起こりという。日本に古来よりある子供の魔除け人形の這子《ほうこ》を焼き物にしたものとも考えられており、三頭身の体から頭大《ずだい》人形ともいう。

相撲

Sumou

もともと農作の吉凶を占う宮中儀礼であったものが廃されたのち、相撲は武家の楽しみになった。とくに江戸時代、諸大名は抱えの力士をもち、屋敷の庭で相撲見物をするのが楽しみのひとつになる。庶民の楽しみになったのは、勧進相撲が許可されてから。谷風、小野川などの横綱が現れ、力士を題材にした相撲絵も描かれるようになった。

かるた

Karuta

かるたという言葉は四十八枚のかるた札とともに十六世紀の後半にポルトガルから伝わった。それより以前に日本には『小倉百人一首』のような歌かるたの類が伝わっている。『いろはかるた』は十八世紀後半までに「一寸先は闇」で始まるものが上方で作られ、それに遅れて「犬も歩けば棒にあたる」に始まるかるたが江戸で作られたという。

花札

Hanafuda

かるたは十六世紀に伝わって以来、賭博に用いられることが多かった。寛政の改革により賭博かるたの類が全面的に禁止され、その代用品として作られたのが花札といわれる。一月から十二月にそれぞれ松・梅・桜・藤・菖蒲・牡丹・萩・薄・菊・紅葉・柳・桐を当てて描き、それぞれ四枚ずつに点数・価値を決めて合計四十八枚。それぞれに美しい。

将棋

Shougi

将棋の歴史は紀元前三世紀のインドにさかのぼる。日本で最も古い記録は平安時代だが、武士や町人の楽しみになったのは江戸時代。しばしば賭けの対象になっていた。江戸時代の後半には町人、職人、農民にも将棋は広まり、都市の湯屋の階上は将棋会所のようだった。式亭三馬の『浮世風呂』には、庶民の将棋の楽しみが滑稽に描かれている。

源氏香

Genjikou

組香は室町時代の十炷香、十種香に始まる。源氏香は香木五種、それぞれ五炷ずつ合計二十五包を用意し、このうち五包だけたいて組み合わせをきき分け、五本の縦線に横線を組み合わせた図で示す。「源氏香」という名は、五十二通りある組み合わせに『源氏物語』五十四帖の「桐壺」と「夢浮橋」を除く各帖の名が付くことから。

諸国羽子板

Shokoku-hagoita

羽根つきは江戸時代に入って盛んになった。それとともに羽子板の文様も、多様になり、郷土玩具としてもさまざまなものが生まれた。それら諸国の古羽子板の一部がだるまや書店の店主の求めで明治から大正期に通称「玩具博士」と呼ばれて活躍した玩具研究家の清水晴風によって裏表を臨模され、『諸国羽子板』と題され一九二二年に刊行された。

仕掛絵
Shikake-e

表面の絵の下に別の絵が用意されていて、めくったり動かしたりすると別の絵が現れるようになっている。浮世絵にもこのような仕掛絵が多く見られる。幽霊画のほか、歌川豊国の仕掛艶本なども有名である。

団子
Dango

団子は中国から遣唐使のよって伝えられた八種の唐菓子のひとつに始まるといわれる。竹の串に刺した団子は室町時代にはすでにあったようで、その頃から東海道の宇津谷峠の十団子や京の御手洗団子のような諸国名物の団子が出始めたという。江戸時代には甘味のついた団子が売られ、「花より団子」というように庶民に大いに喜ばれていた。

姉様人形

Anesama-ningyo

江戸時代に女の子の遊びとして広まり、また年長の女性の手芸にもなって家庭で作られた。縮緬紙《ちりめんがみ》で髷《まげ》を作り、千代紙細工などの衣装を着せる。この類の人形は平安時代からあったことが記録されており、ままごとなどの手遊びに用いられてきた。「あねさま」というのは花嫁や若い女性を親しんで呼ぶ言葉である。

纏

Matoi

隅田川を境に西に四十八組、東に十六組。江戸の町に町火消を設置したのは、大岡忠相《ただすけ》である。各組は、それぞれ独自の「だし」を竿留《さおどめ》につけた纏を用いた。町火消は黒船来航のときには市中警備、戊辰戦争のときには市中の治安維持を任された。その活躍は「江戸の花」といわれ、歌舞伎芝居や浮世絵にしばしば取りあげられている。

宝船

七福神

六瓢息災

凧

縁起物

十二支

絵馬

疱瘡除

護符

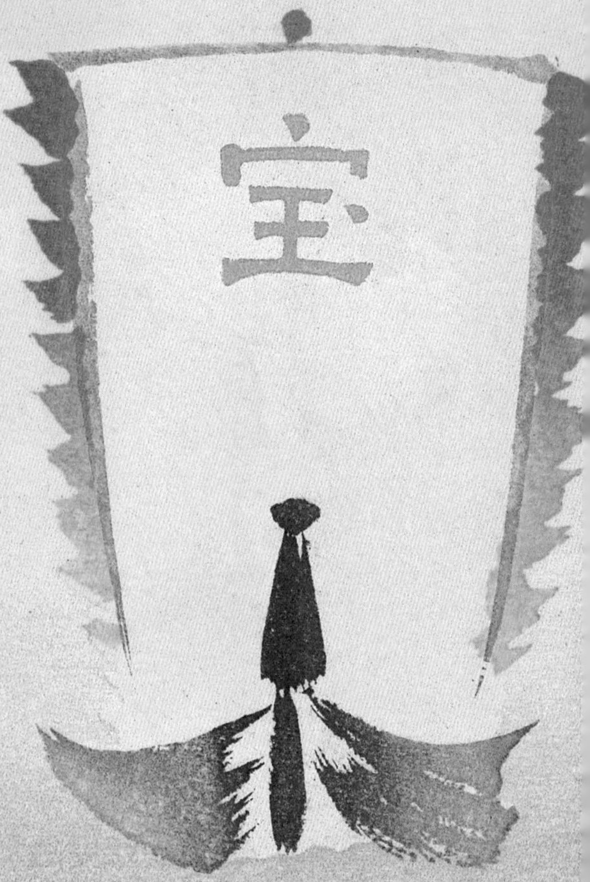
宝

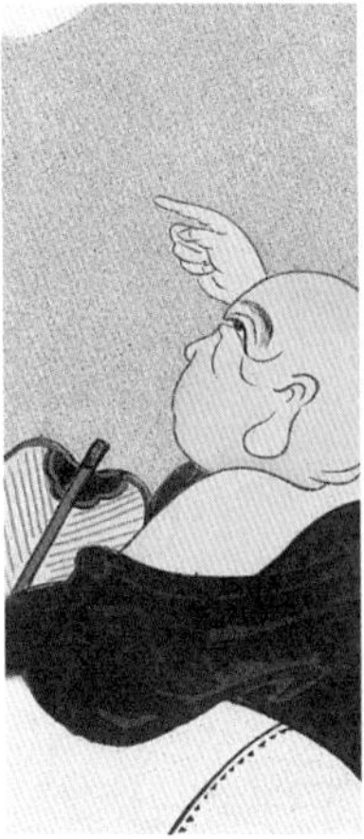

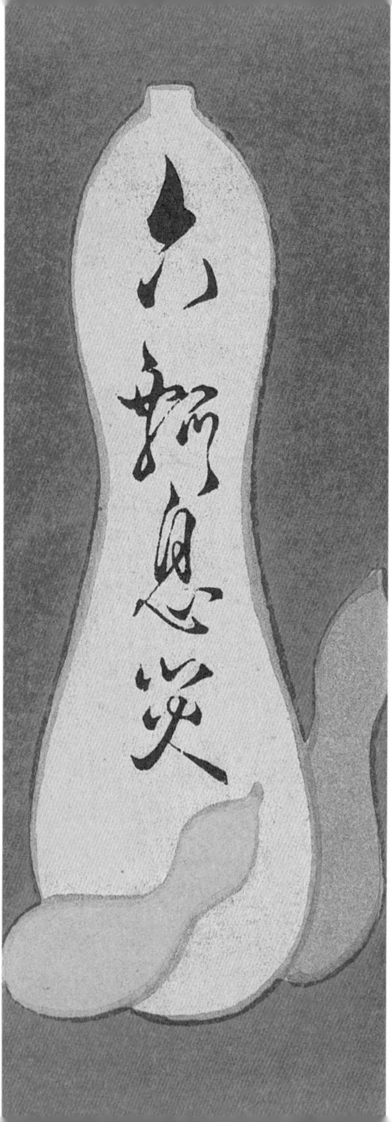
六瓢息災

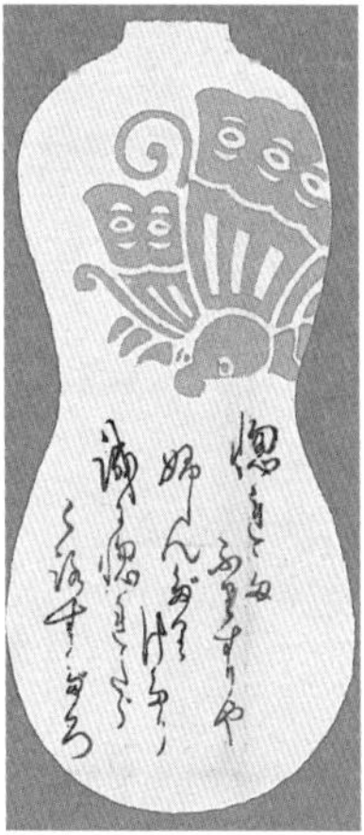

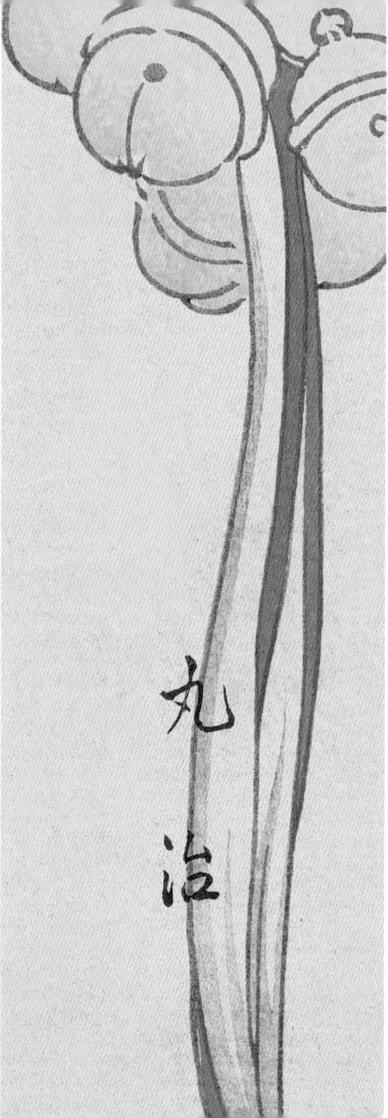
丸治

お子様乃お慰み
御存じ
知られた

千歳飴

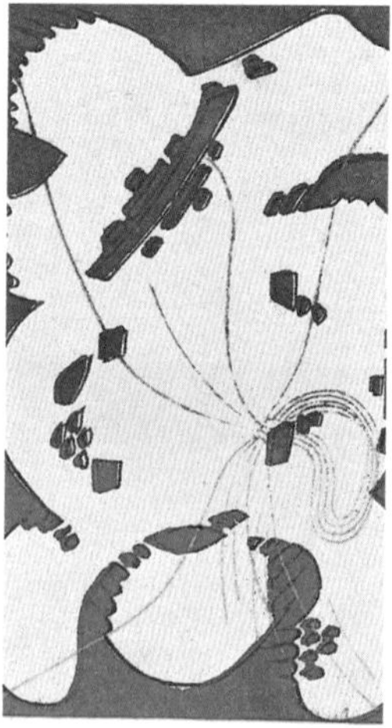

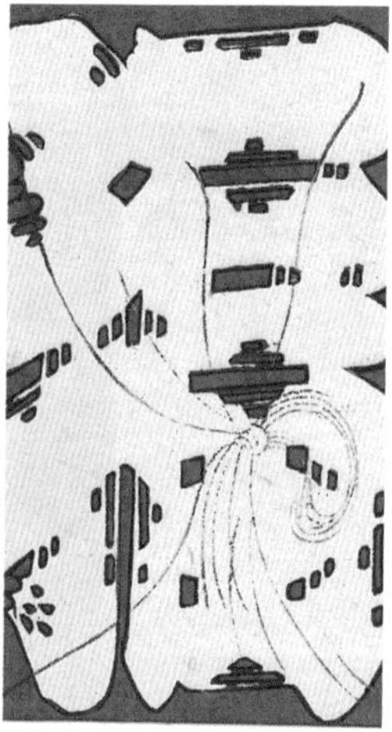

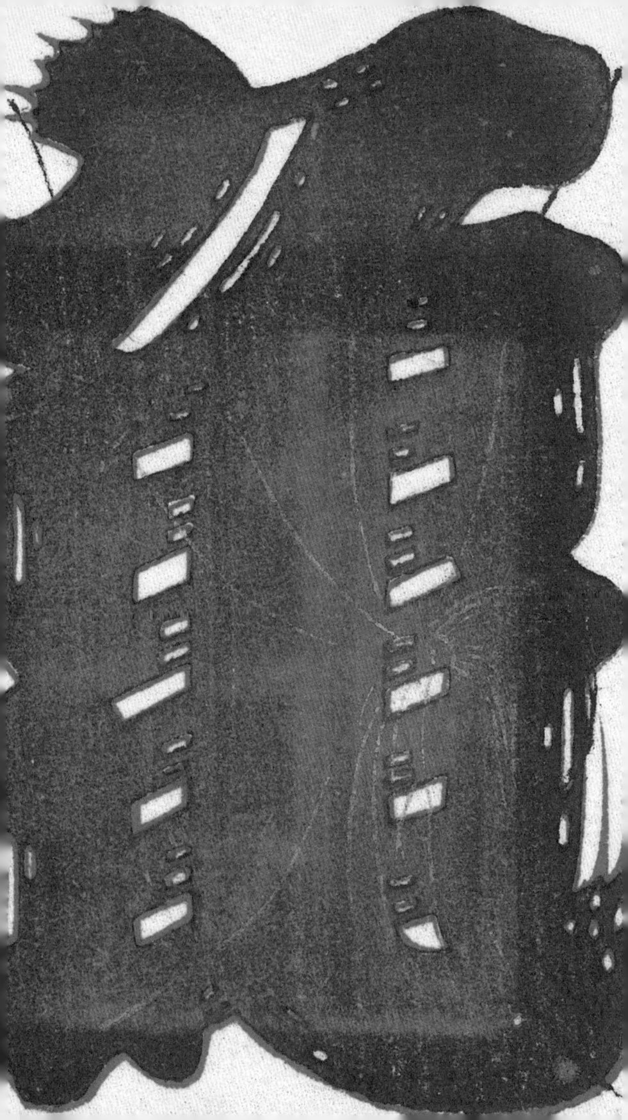

文政玩具
練物製
金ノ千両

河内道明寺村
土師神社の繪馬

江戸産
虎張抜製

江戸産錬物
カチ〱山の兎

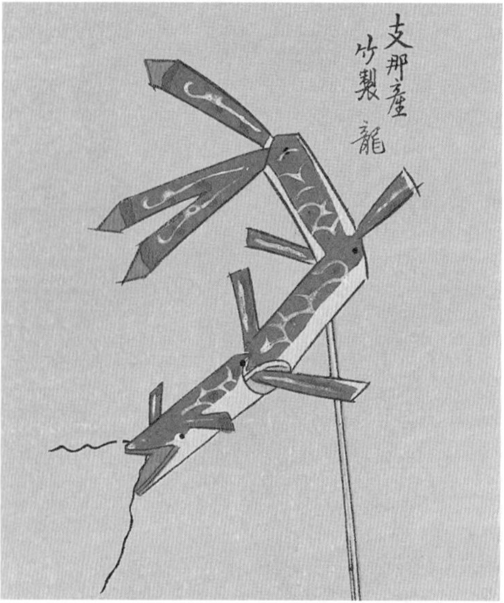
支那産
竹製 龍

伊勢彦土製
巳玉

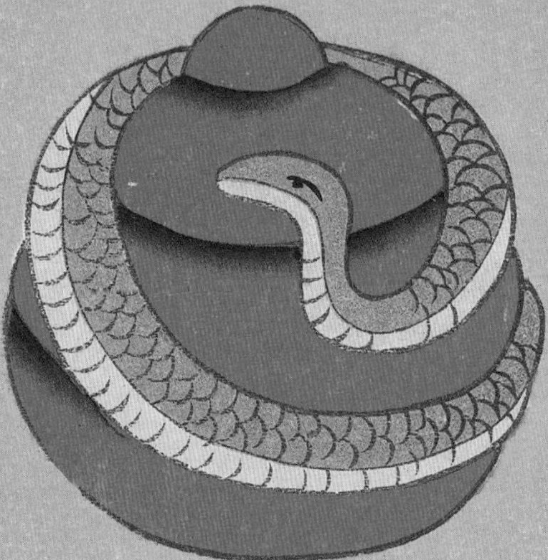

筑前博多產
練物製馬
馬上天神

土佐高知佐川町產
紙製繪馬羊

琉球産
張抜製猿

琉球産
張抜製 鶏

琉球産
張抜製犬

支那北京

縫ぐるみ　猪

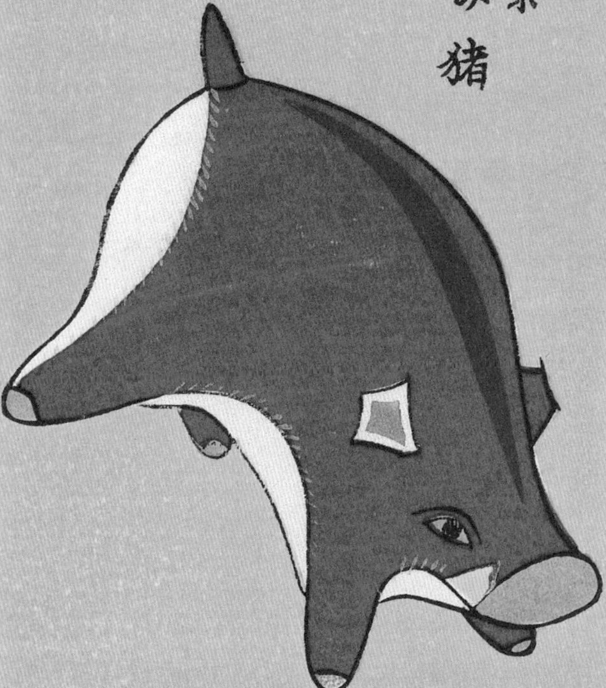

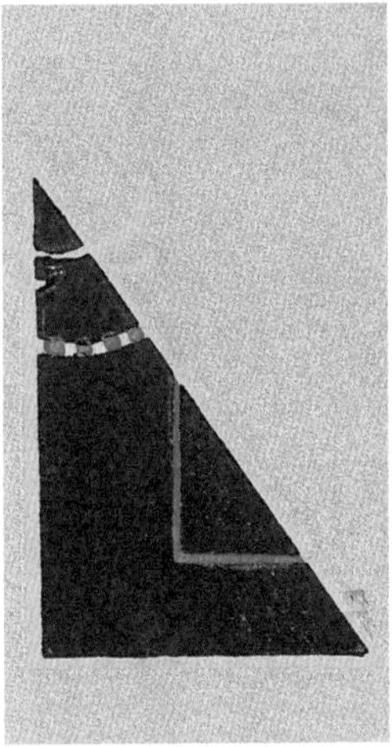

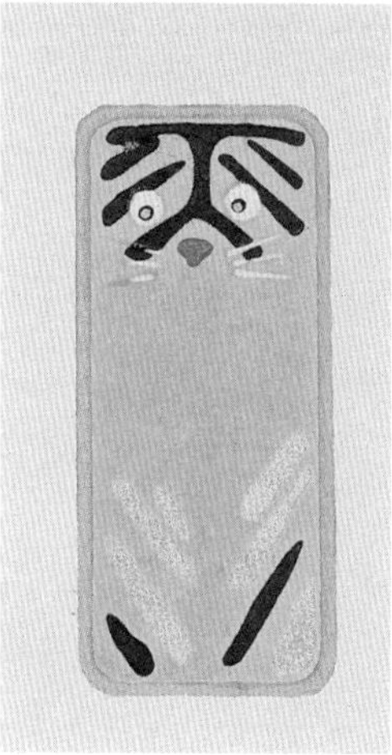

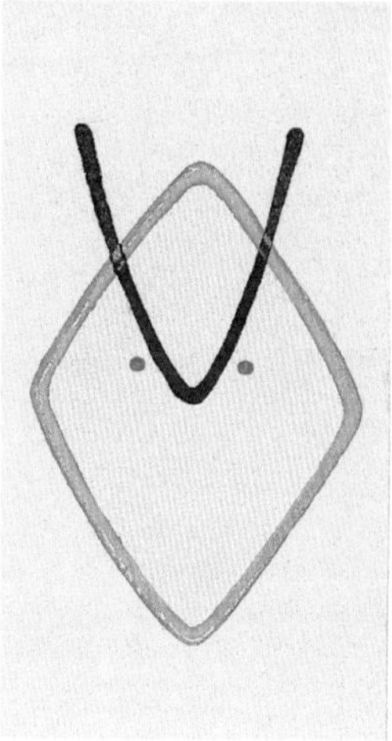

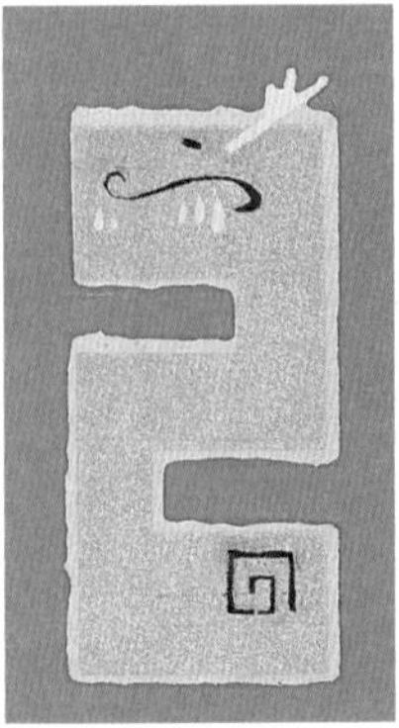
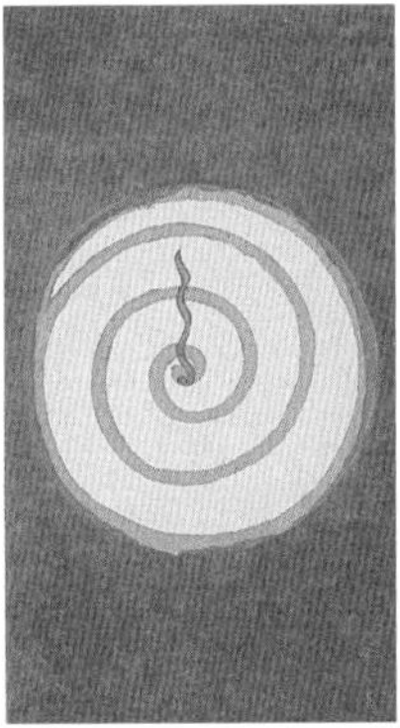
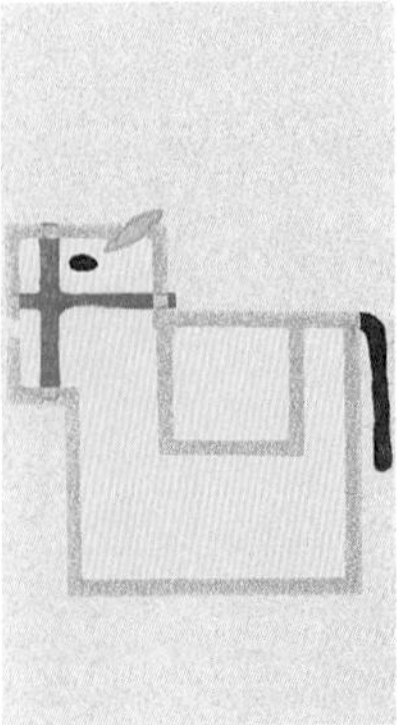
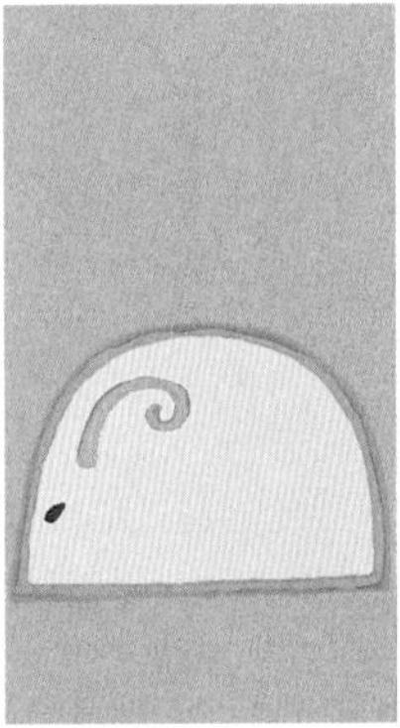

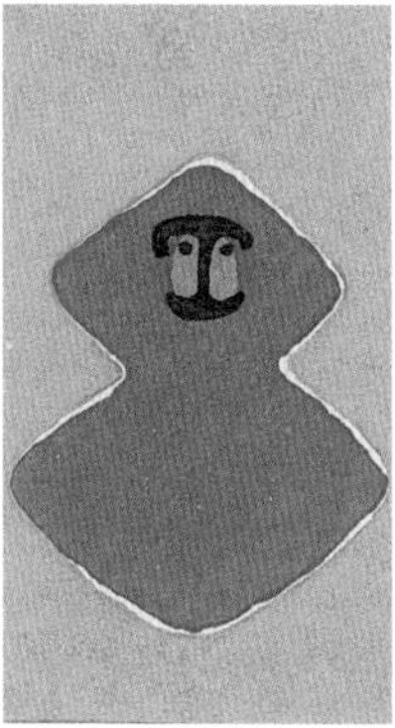
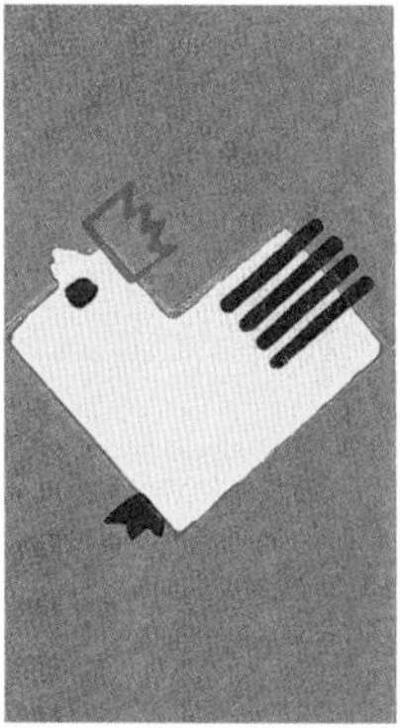

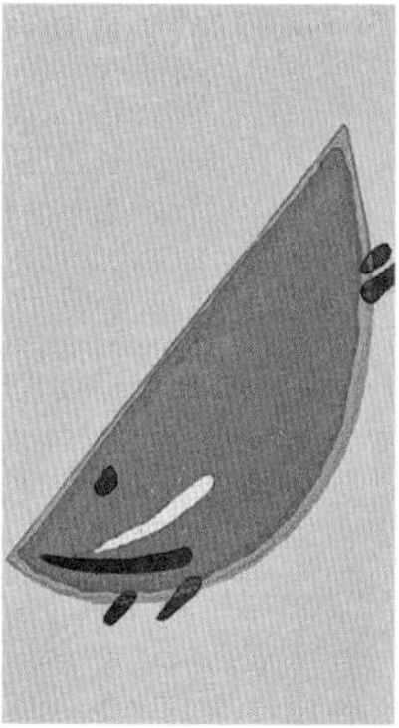

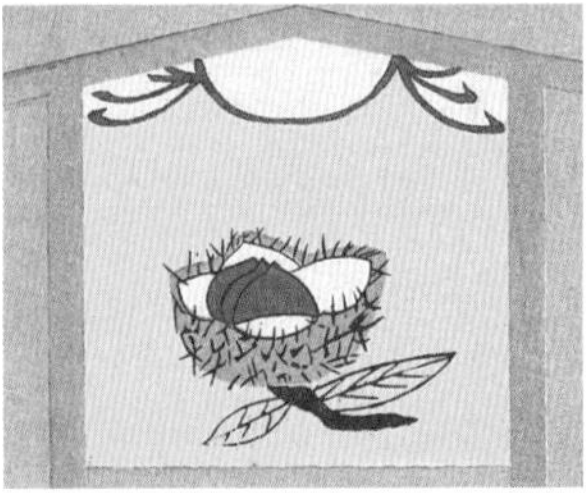

共 三山东

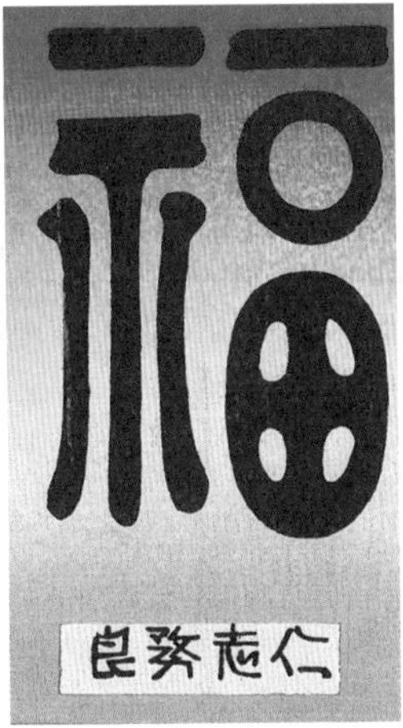
仁志務良

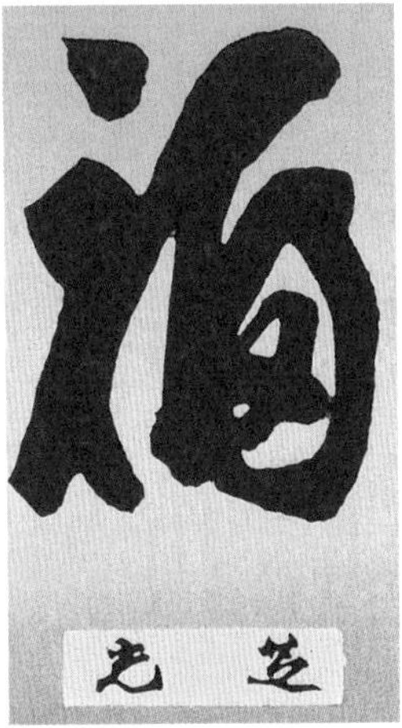
芝光

梅その

三和人

以手身多羅芦
乃蘇登唐野象
賀紫奔出逐小加
阿直比登荷世
佐素那花王
羅須騎の阿乎
豈
古壽荷湯文字人
羅〇仙利乃矢武左榮
榮賀間間奈良奴

宝船

Takarabune

元旦または正月二日、枕の下にしいて寝るとよい初夢に恵まれると信じられている。米俵や千両箱、松竹梅などの縁起のよいものを船に乗せ、「なかきよのとおのねふりのみなめさめなみのりふねのおとのよきかな」と廻文の歌が記されたものもある。室町時代には行われ、悪夢を見ると流して捨てられたという。もとは節分の夜だったが、のちに正月になった。

七福神

Shichifukujin

恵比須、大黒天、毘沙門天、布袋、福禄寿、寿老人、弁財天の七神。中世末、広く信仰された鞍馬の毘沙門天や比叡山の大黒天、竹生島の弁才天などに禅僧を配して七福神とした。江戸時代には七福神巡りが盛んになり、隅田川七福神の地図つき案内図も出された。福禄寿と寿老人が同一神とされ、吉祥天または猩々が加えられていることもある。

六瓢息災

Mubyousokusai

瓢箪《ひょうたん》を六つ並べて「むびょう」と読ませ、「無病」と掛けている。瓢箪に記されているのは都々逸《どどいつ》。「親の毛脛《けずね》をかぢると思や　光る金歯がおそろしい」「人の袖まで涙でぬらす　更けて待つ身の針仕事」など、物思いの種は尽きなくても、「無病息災」ならば問題なしということか。

凧

Tako

凧は日本では平安時代の書物には見られ、空高く上がり、糸が切れると遠くに飛び去るところから災難を託す厄除けとしたり、青雲の中に入ると吉兆と考えたりした。遊びとしての凧揚げは江戸時代からで、風俗誌や浮世絵にも多く描かれる。大坂で流行って、すぐに江戸に伝わり、禁止令が出るほどだった。その頃から凧屋が現れ、本格的な絵模様の凧が作られるようになる。

縁起物

Engimono

社寺や諸神諸仏の由来などを記したものを縁起というところから、兆《きざし》の起こる由来も縁起というようになった。正月の初詣の破魔矢や宝船をはじめ、達磨や起上り小法師など、よい縁起を招くための呪物が縁起物である。東北の赤べこや張子の虎など、全国各地にある子供の健やかな成長を願う民芸玩具もそれらのひとつ。

十二支

Juunishi

「十干十二支《じっかんじゅうにし》」を短くいったものを「干支《かんし》」といい、「幹枝」の意。十干（甲乙丙丁戊己庚辛壬癸）が幹、十二支（子丑寅卯辰巳午未申酉戌亥）が枝。「壬申の乱」の「壬申」のように十干と十二支の最小公倍数の六十の周期で年月日を表すのに用いた。六十歳の還暦は干支がひと巡りし、ひとつの人生を生きたことを祝う。

絵馬

Ema

絵馬は神への生馬献上が起源で、のちに馬形になり絵になった。絵馬の奉納は奈良時代にはすでにあり、さらに後年になると、馬のみでなく、稲荷神社では使いの狐が描かれたりするようになる。小形絵馬は庶民願いを具体的に表現したものも多く作られ、逆さまつげの治癒を願った逆さ松の木、子供の入浴嫌いを治すための母子入浴図などがある。

疱瘡除

Housouyoke

疱瘡は天然痘のことで裳瘡《もかさ》、痘疹などとも呼ばれ、日本には仏教伝来と前後して伝わったと考えられている。苛烈な症状から鬼神が依っているという信仰が広まり、江戸時代には「疱瘡神」が祀られる。疱瘡に罹ると疫神を祓う「疱瘡祭」を行ったり、迷信も信じられ、患者の周囲を赤色ずくめにしたりした。種痘の輸入は幕末のことである。

護符

Gofu

自動車や身につける交通安全や学業成就などの御守や家の柱や門などに貼る御札、商売の家の招き猫など、いまでもいろいろな場面で護符に出合う。古来より災難や病気は星回りや厄病神によってもたらされると考えられていたため、これらを遠ざけて取り憑かれないように、護符が用いられた。宗教性のないものはマスコットというらしい。

喫茶

アール・ヌーボー

アール・デコ

異国情緒

サーカス

街灯

トランプ

大正ロマン

ハート

十字架《じゅうじか》

PRESENT
K

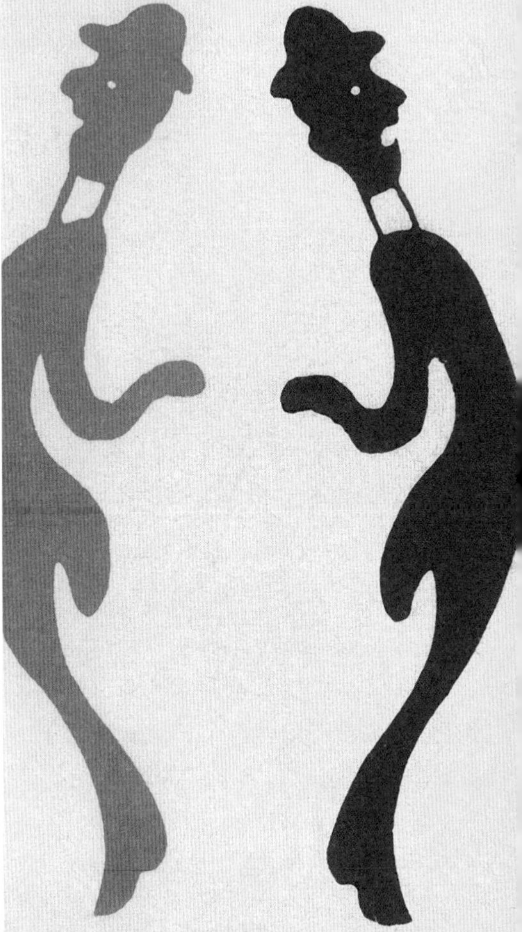

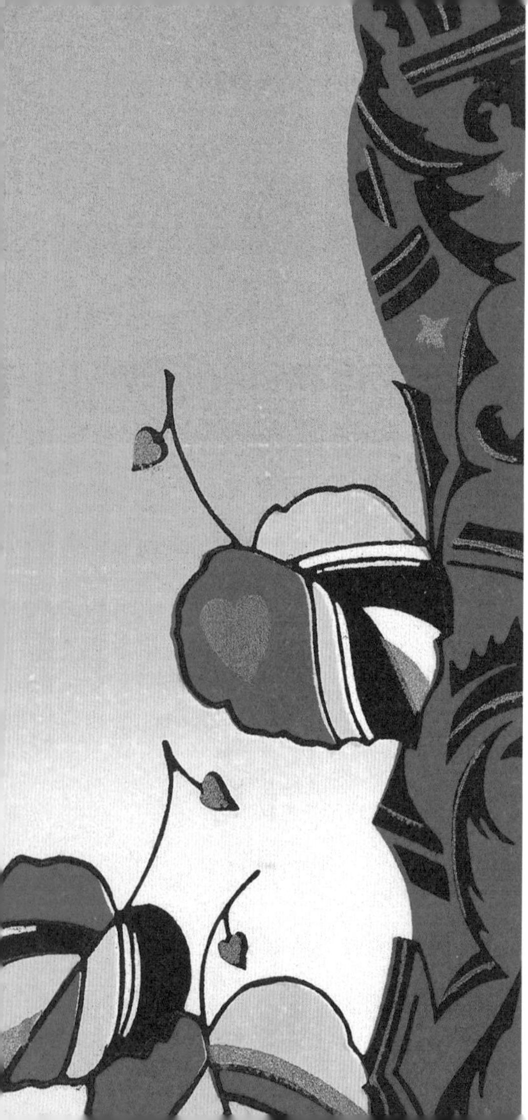

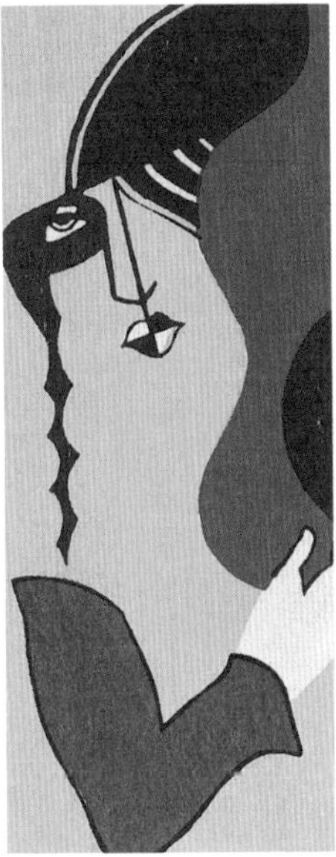

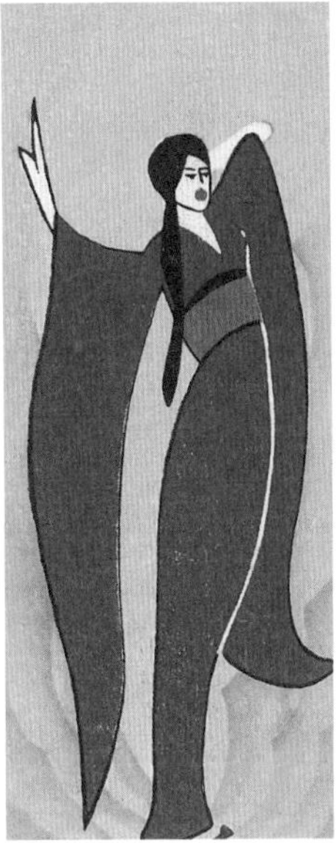

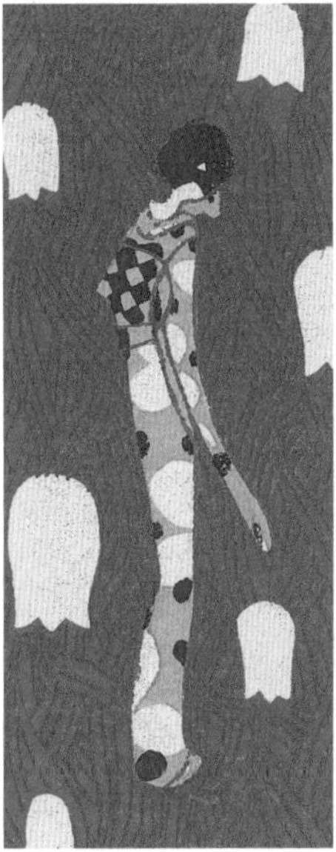

DOSHISHA COLLGE SONG

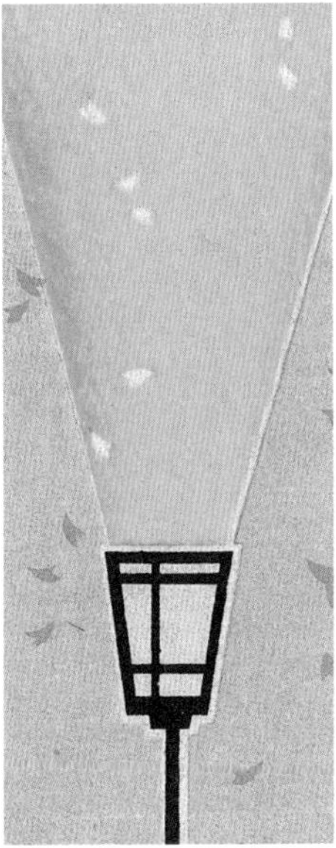

A
A

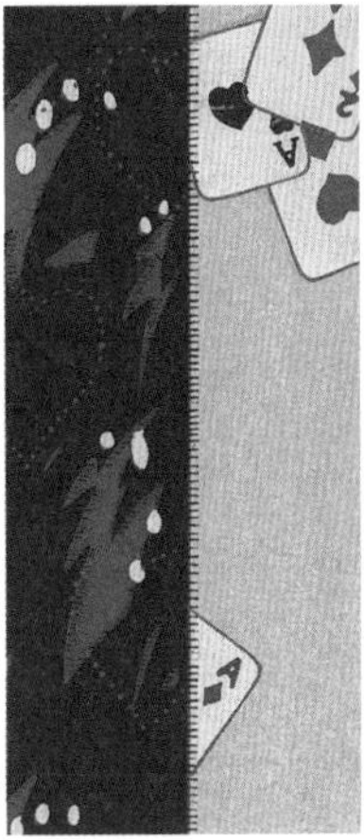

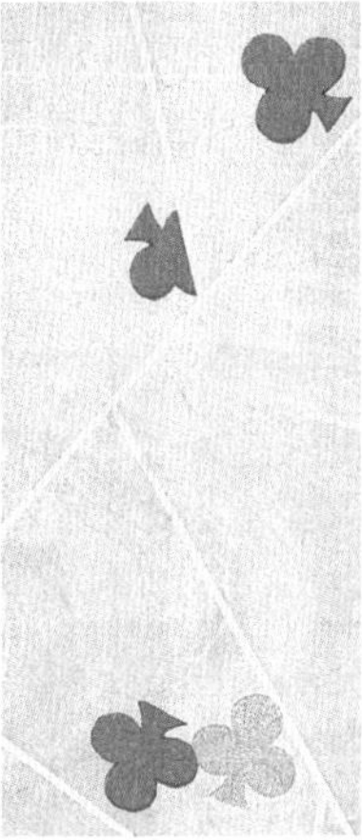

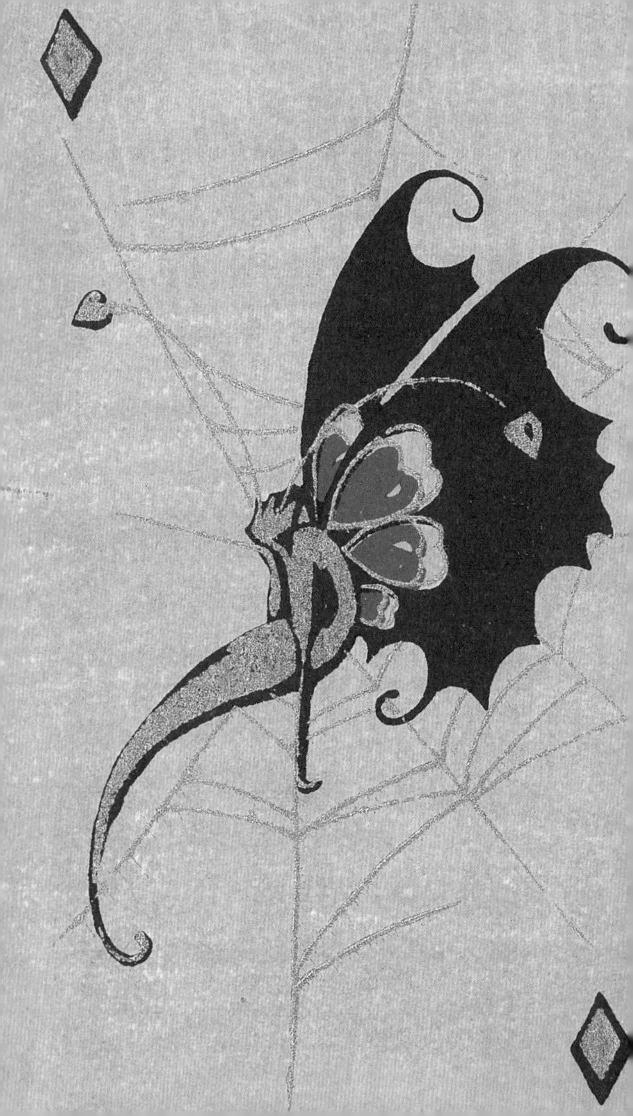

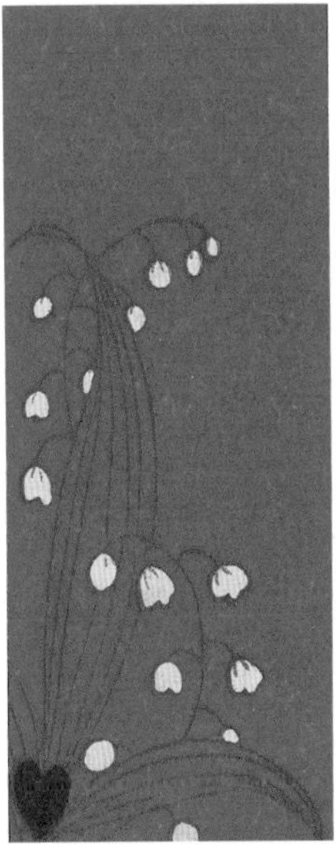

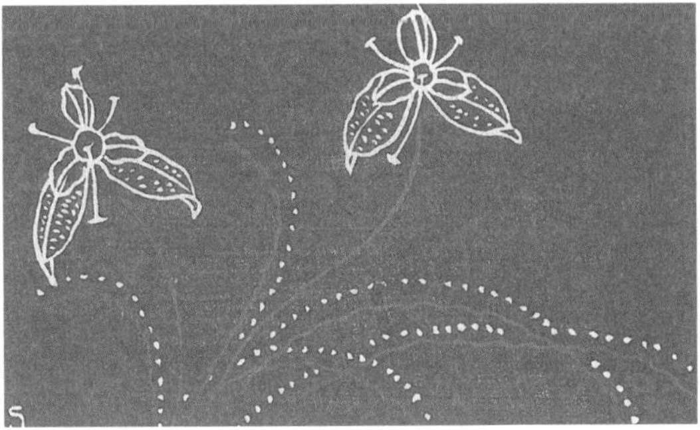

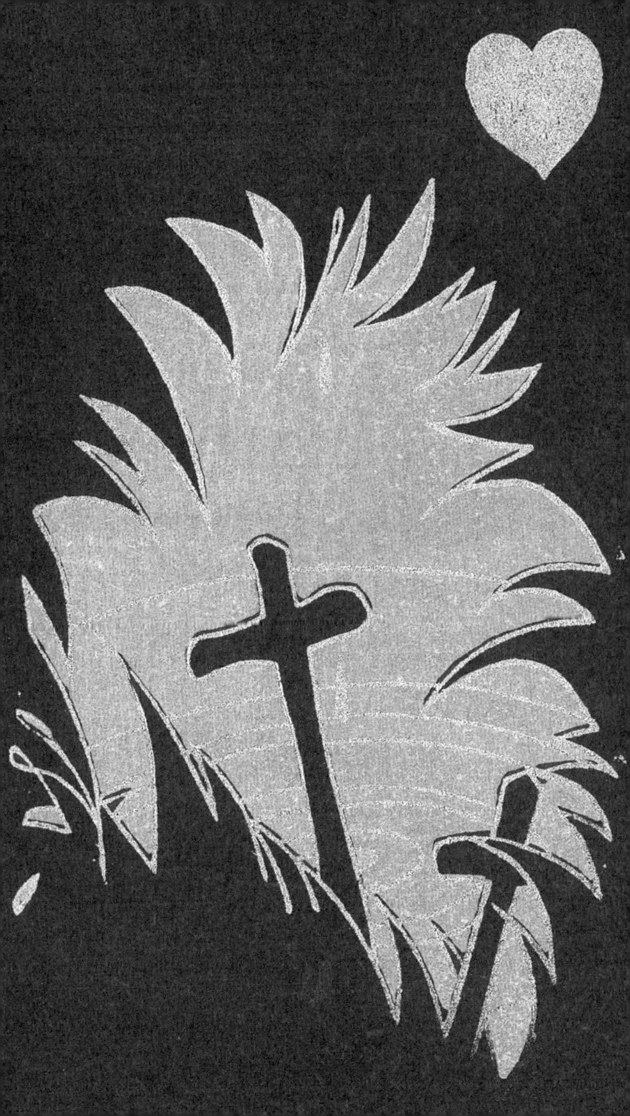

喫茶
Kissa

江戸時代の後半、長崎勤務の大田南畝がオランダ船でコーヒーを勧められ、日記に書き残している。日本の喫茶店はヨーロッパのソーダファウンテンやパリのカフェをまねることから始まる。一八八八（明治二十一）年に東京の下谷に最初の喫茶店「可否茶館」が開店するが、ほどなく閉店。時代の到来まで、しばらくの時間が必要だった。

アール・ヌーボー

Art Nouveau

日本が初めて万国博覧会に出展したのは一八六七（慶応三）年、パリ博。以降、日本との交流が盛んになったヨーロッパではジャポニスムが興り、それを刺激のひとつにアール・ヌーボーが興る。ミュシャやガレなどに代表される植物模様や流れるような曲線は、やがて西陣の着物や絵画などに逆輸入され、日本のモダン・デザインの礎になった。

アール・デコ

Art Déco

曲線と直線を併用し、アールヌーボーをより工業的にした、一九二五年様式といわれる装飾様式。大量生産・大量消費の時代にふさわしいものだった。ラリック、シャネルらが作り出した実用的で合理的ながらも優美なデザインは、建築やファッションにも大きな影響を与えた。

異国情緒

Ikoku-joucho

外国への漠然とした憧れ。古くは飛鳥時代のシルクロード、室町時代や安土・桃山時代の南蛮趣味、明治時代はヨーロッパの国々との交流が深まり、互いに刺激を受けた。その結果が西洋のジャポニスムであり、その影響を受けたアール・ヌーボー、日本の耽美的南蛮趣味。または次々と生活に加わる西洋文物を通じて生まれた近代日本人の心象風景。

サーカス

Circus

日本での初めての外国のサーカスは一八六四（元治元）年に横浜で興行したアメリカ・リズリー・サーカス。続いて明治に入りフランス、イタリア。西洋の曲馬や曲芸、猛獣の芸や空中ぶらんこはそれまでの日本のものとはスリルもスピードも違い人々を魅了した。歌舞伎にも刺激を与え、五代目尾上菊五郎はサーカスを外題に演目を上演したほど。

街灯

Gaitou

日本で近代的な街灯がともったのは一八七二（明治五）年、横浜の本町通りに設置された十数基のガス灯。わずか十五ワットほどの明るさの街灯は、夜の外出に提灯が欠かせなかった日本の文明開化の灯りだった。一部の人々には「キリシタンの魔法」とも映ったその灯りを、夕方に点灯夫が一基一基火をともす。その姿は開花錦絵にも多く描かれた。

トランプ

Toranpu

「トランプ」というのは明治以降の日本の独特の呼び方で、英語では「プレイング・カード」という。現在の五十二枚のカードが輸入されるようになったのは明治時代初めのこと。明治の半ばには遊び方のガイドブックが出版された。トランプはかるたとは別もので、もとは占いなどに用いられたものが、軍事シミュレーションをするゲームとなった。

大正ロマン

Taishou-roman

大正時代は明治以来の文明開化が開いたひとつの花ではないだろうか。活動写真や浅草オペラ、西洋の影響を受けた文学や絵画などが流行し、ハイカラな開放の気分があふれる。その一方で米騒動や大戦後の恐慌などの、自由と社会的な変化の間の葛藤と不安――これら両極が渾然となり醸された叙情が、この時代を代弁する「花」となった。

ハート

Heart

心臓または心を表すシンボル・マークとされる。通常は赤い色で描かれる。救世主の血を受けた聖杯、女性の臀部または胸または陰部を表すという説もある。トランプの柄のひとつであるハートは、成敗の形を表し、僧職を示すものであるといわれている。

十字架

Jūujika

十字架はもともと磔刑を表していたが、のちにキリスト教の世界でキリストの死と復活の象徴となった。はじめはシンプルな十字だったが七世紀から八世紀になると、十字架にかけられるイエスのリアルな像が用いられるようになる。キリスト教が世界に広まるにつれ、十字架の形もその国の古来の宗教と溶けあい、その種類を増やしてゆく。

参考図版

ぽち袋の美学～ぽち袋に見る江戸のいき～
8～24ページに対応しています。

図1．喜多川歌麿画　五人美人愛敬競　兵庫屋花妻
（太田記念美術館蔵）

左上、右上：図2. ぽち袋
下：図3. 右上の拡大

図4．鈴木春信画　雨夜の宮詣
（東京国立博物館蔵）

図5．ぽち袋

図6、7．ぽち袋　しん板変わりうつし絵（6枚揃のうち1枚）
右ページ：図8．歌川国貞画
東海道四谷怪談　隠亡堀の湯（国立劇場蔵）

図9．ぽち袋

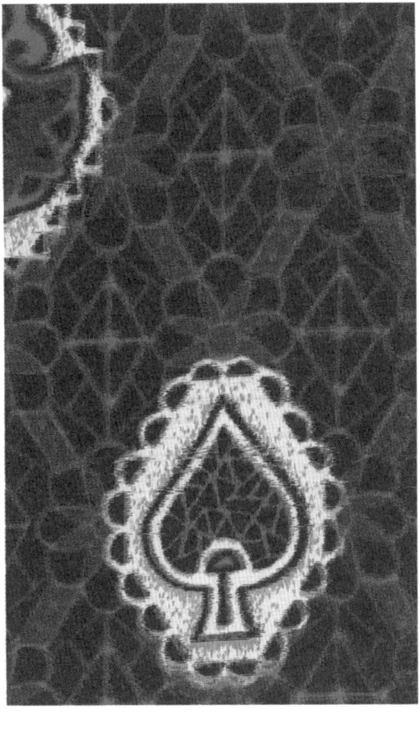

図10. 銘仙

ぽち袋との出会い

弓岡勝美

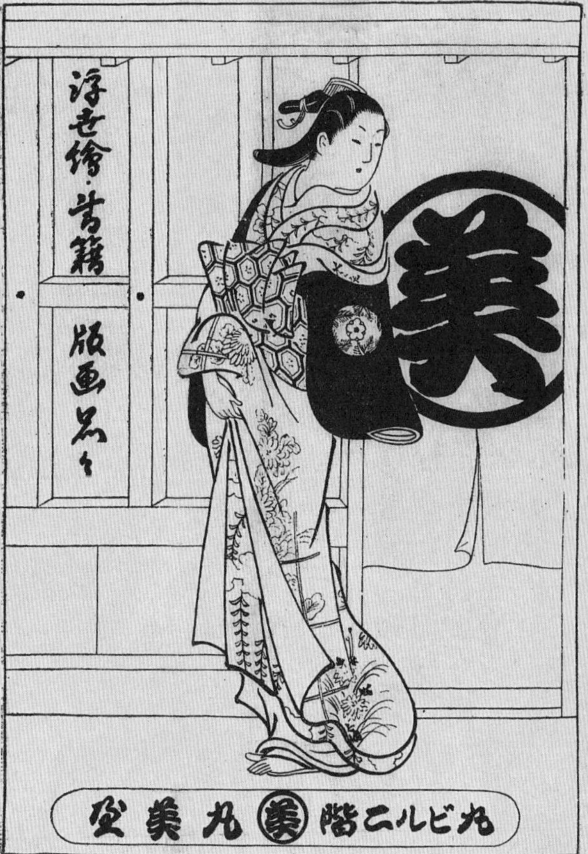
浮世繪・書籍
版画品々
美
丸ビル二階 美 丸美屋

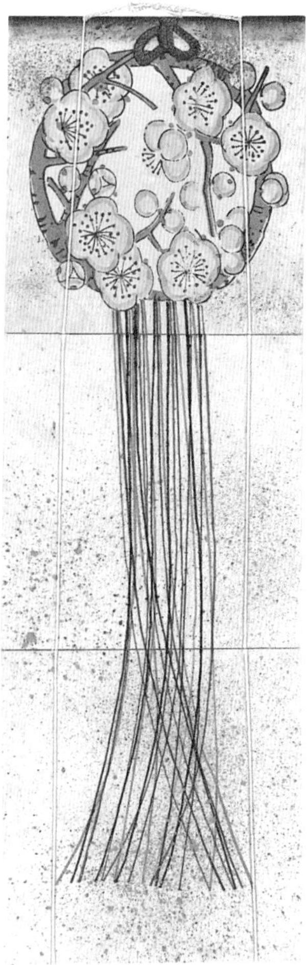

私がはじめてぽち袋を意識したのは、1970年代だったか、仕事場で芸能関係の方から心付けをもらった時でした。今日もよろしく、という気持ちを込めてこうした心付けをくださるのですが、そっと渡してくれた袋が美しい摺り物だったんです。その時、「ああいい袋だな」と思ったものです。ちょうど同じ頃に、京都の骨董屋を訪れる機会があり、アンティークのぽち袋を目にしたこともあって、私はこの小さな袋に関心を持つようになったのでした。京都には、さくら井屋という古くからある紙もののお店や、岡本ピョンピョン堂（現在はぴょんぴょん堂）という花街の舞妓や芸妓御用達の店など、和紙に木版で印刷されたぽち袋を取り扱っている老舗がいくつかあります。京都のさくら井屋の店先で、ひときわ目を引いたのは、舞妓の描かれたぽち袋でした。仕事柄、着物には目がいってしまうのですが、袋に印刷された多色摺りの帯や着物の美しさは、衝撃的ですらありました。あとで知ったことですが、京都の木版画は、色を抑える傾向のある江戸の木版画よりも華やかな色合いに仕上げているらしく、中でもさくら井屋の手刷りのぽち袋は細部にまで工夫が凝らされているとのことで、印象深かったのかもしれません。ぽち袋と花街の縁は深く、祇園の舞妓たちが

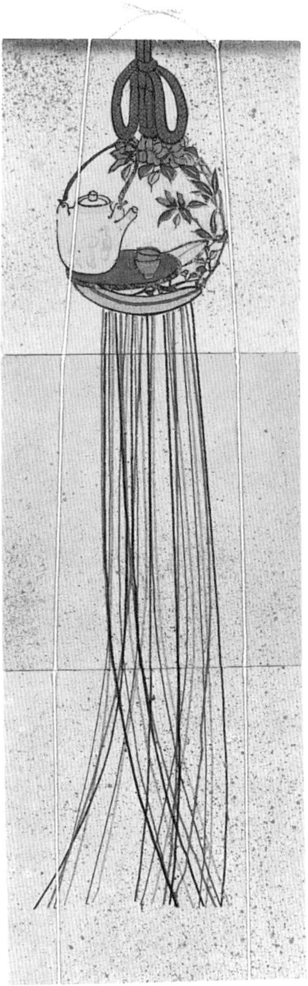

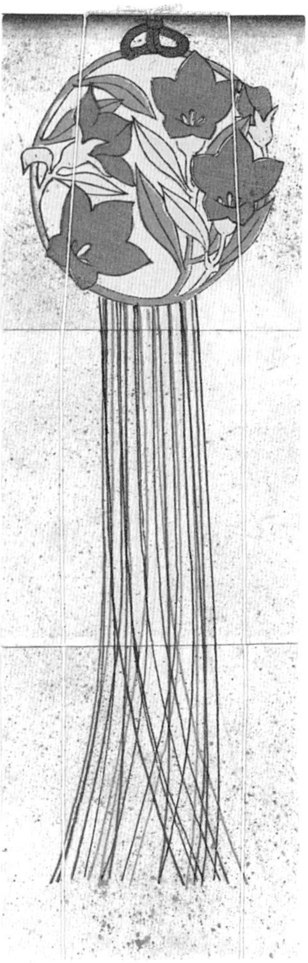

美しいぽち袋を蒐集していたということを、江戸風俗研究家の宮尾しげをさんの文章で知りました。「祇園の舞妓たちの間に、このポチ袋蒐集が流行して、客席でこれを並べて、『お客さん、これどうどすきれいでしょう』と見せ、『お気に入ったのがあったら、お持ちやす』と提供し、その代り『どれぞに、わたしにポチ入れておくれやす』ということになり、高いポチ袋代になることもあった。袋を買わず、千代紙で作ることも、そのころはやっていた」（宮尾しげを「季刊銀花」, 1976)

この宮尾さんの「祝儀（ポチ）袋の楽しみ」という短い文章に触れたのは、少しずつ集めはじめた時期にあたります。ぽち袋の由来からちょっとしたエピソードまでとても勉強になる事柄が書かれていて、私の関わっている芸の世界とも関わりの深いぽち袋の魅力を再発見したのでした。はんなりしてきれいな舞妓ものや、大正から昭和にかけて作られた小林かいちらが描いた大正モダンの絵柄に魅かれたことが、ぽち袋蒐集のきっかけとなりましたが、ぴょんぴょん堂では一風変わった、江戸前の雰囲気が漂う艶っぽいぽち袋に出会いました。お店に、いわゆる大人のぽち袋も置いてあったのです。友人の間でもこういう粋なものを持っている人がいて、見せてもらっ

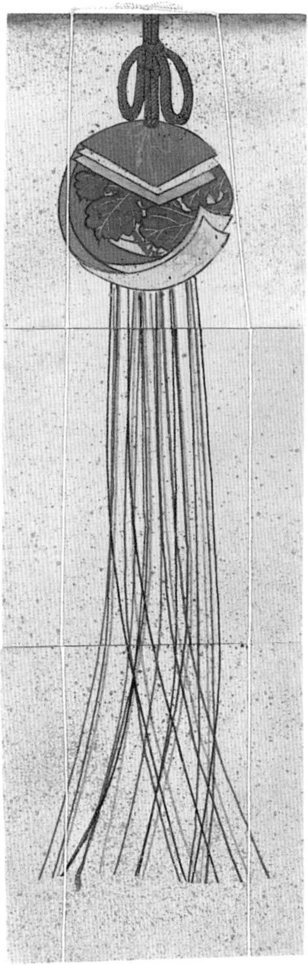

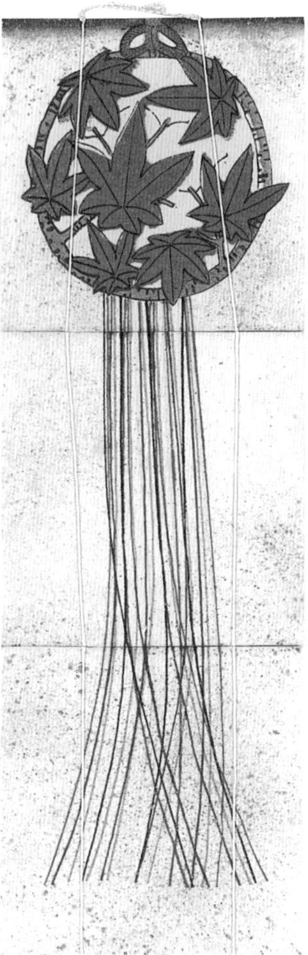

たり、頂いたりして手に取っては「これは面白いなあ、楽しいなあ」と感心したのを覚えています。何かを「いいなあ」と意識すると、不思議といいものが集まってきたり、必要な知識が得られたりするものです。コレクターのご縁とは、そういうものではないかと思っています。本書を手にとってくださった方にも、そうした巡り合わせでこの本が届いたのかもしれません。

さくら井屋　保年間に京都堀川船橋（今の堀川今出川辺り）に、桜井屋治兵衛が、絵双紙（絵草紙）や焼き物の製造販売を始めた。手摺りの木版で有名。

ぴょんぴょん堂　大正九年に京都東山区四条通大和大路下ルに、岡本伊兵衛が岡本ピョンピョン堂を設立。木版印刷物を中心に紙製品の製造販売をしている。

高岡一弥（たかおかかずや）
アートディレクター。主な著書に『千年』（毎日新聞社）、『野菜から見た肉』（パルコ出版）、『春・観る』（時事通信社）、『女性とエイズ』『Quality of Life』（日本財団）、『かたち』『万葉集』『金魚』『和の菓子』『日本の犬』（ピエ・ブックス）、雑誌『活人』少女光線、日本未少年（毎日新聞社）。『彼方へ』『東京 LIVING WITH AIDS & HIV』等、展覧会イベントを主催。日宣美展特選、日本グラフィックデザイン展金賞、講談社出版文化賞受賞、他。

藤澤　紫（ふじさわ・むらさき）
日本美術文化史専門。学習院大学大学院博士後期課程単位取得後、日本学術振興会特別研究員を経て、博士学位取得（文学博士）。主に近世の絵画（浮世絵など）や文学、文化に関わる研究を進めている。現在、学習院大学・國學院大学・杉野服飾大学・玉川大学・中央大学・東洋大学・武蔵野美術大学・了徳寺大学非常勤講師。国際浮世絵学会常任理事、編集委員、国際委員を兼務。近著に、『鈴木春信絵本全集』（著書、勉誠出版、2003年改定新版）、『名所江戸百景』（共著、小学館、2007年）、『母子絵百景 よみがえる江戸の子育て』（共著、河出書房新社、2007年）、『浮世絵師列伝（別冊太陽）』（分担執筆、平凡社 2005年）、『浮世絵鑑賞の基礎知識』（分担執筆、至文堂、1994年）など。主な論文に、「浮世絵美人画と和歌」（『和歌をひらく』、岩波書店、2006年）、「鈴木春信画『絵本春の雪』について」（『浮世絵芸術』145号、国際浮世絵学会、2003年）など。他に各種展覧会図録なども手がける。

弓岡勝美（ゆみおか・かつみ）
フリーのヘアー&メイクアップアーティストとして活動したのち現株式会社弓岡オフィスを設立、主宰となる。以後、雑誌、写真集でCDジャケット、CDの媒体を中心として活動する。また、着物の着付け・コーディネートなども手掛け、雑誌や写真集、CM、ドラマなどで活躍するのにともなって着物の蒐集を始め、広告業界・雑誌業界・タレント業界向けに着物のレンタルを開始する。着物アンティークショップ「壱の蔵」を原宿にオープンする。以後、アンティーク着物ムーブメントの中心として精力的に活動を展開し、銀座松屋、横浜そごう、うめだ阪急などの百貨店催事にも参加する一方、古裂を使った押し絵やパッチワーク等の細工物も制作し展覧会を開催している。その作風は上品で愛らしくファンも多い。「おしゃれ工房」（NHK）などのテレビ番組に出演、大人の着物・浴衣の着こなし等の提案をしている。主な著書に、『着物のお洒落自由自在アンティーク』（世界文化社、2002年）、『昔きものレッスン十二か月』（平凡社、2003年）、『アンティーク振袖』（世界文化社、2004年）、『着物と日本の色』（ピエ・ブックス、2005年）、『きもの文様図鑑』（平凡社、2005年）、『おさんぽ着』（世界文化社、世界文化社、2006年）、『着物と日本の色―夏編』『千社札』（以上ピエ・ブックス、2006年）、『着物と日本の色―子ども着物編』（ピエ・ブックス、2007年）

ぽち袋

2007年10月10日　第1刷発行

アートディレクション　高岡一弥
コレクション　弓岡勝美
序文　藤澤紫

デザイン　黒田真雪　加藤剛章
制作　瀧亮子
解説　安達万里子
英訳　白倉三紀子

編集　高岡一弥

発行者　三芳伸吾
発行所　ピエ・ブックス
〒170-0005 東京都豊島区南大塚2-32-4
編集　Tel:03-5395-4820　Fax:03-5395-4821
E-mail:editor@piebooks.com
営業　Tel:03-5395-4811　Fax:03-5395-4812
E-mail:sales@piebooks.com
http://www.piebooks.com

印刷・製本　株式会社東京印書館
本文用紙　OKアドニスラフ80

Published by PIE BOOKS

ISBN978-4-89444-516-1
Printed in Japan

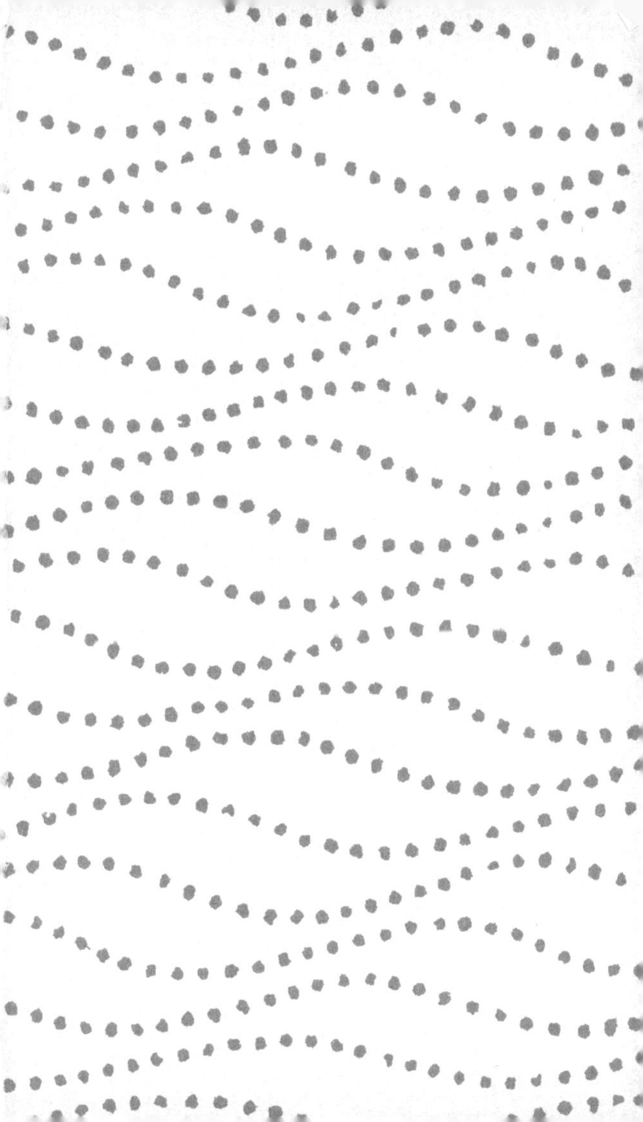

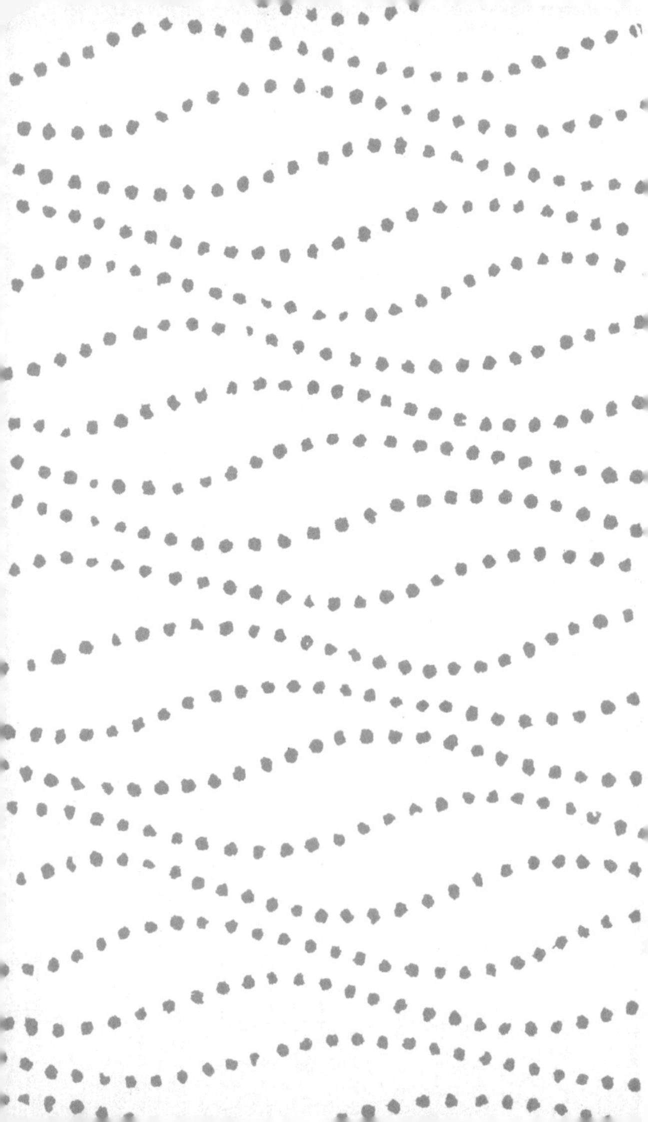